金融機関の
コンプライアンス・リスク管理

弁護士・ニューヨーク州弁護士・公認会計士・公認不正検査士 **今野雅司** ［著］

一般社団法人 **金融財政事情研究会**

はしがき

　「コンプラ疲れ」──この言葉が金融行政において用いられるようになったのは、苛烈な検査を行う金融庁職員に敢然と立ち向かう銀行員が話題となった有名テレビドラマが放映された2013年頃のことです。当時、金融機関・金融当局双方において、金融検査マニュアルがチェックボックスのように用いられ、いわゆる法令遵守のみならずリスク管理全般が「コンプラ化」し、膨大な内部規程の整備が重視されていた面は否定できません。金融機関はこうした規程の整備や形式的な検査対応に忙殺され、これが創意工夫を阻害し、また最低基準さえ充足していれば問題ないといった企業文化を醸成してきた側面もあります。

　あれから6年以上が経過した現在、金融当局は、金融検査マニュアルを形式的に用いたり、定期的に立入検査に入るようなことはせず、リスクに応じたモニタリングテーマの設定や立入検査先の選定等、リスクベースでのオンオフ一体のモニタリング等を進めてきました。

　これに呼応するかたちで金融機関側の状況が改善したかというと、必ずしもそうとはいえないように思われます。金融機関がコンプライアンス・リスク管理の対象とすべき領域は拡大を続けている一方、これらに対してリスクに応じたメリハリのある対応ができているかというと、必ずしもそうではありません。このような領域拡大にもかかわらず、コンプライアンス関連の人員増強はままならず、モニタリングや新たな規制への対応等で、現場の疲弊は依然として変わっていないようにも見受けられます。

　他方で、近時、法令上の規定には形式的には違反しないように思われる一方、金融機関に対する社会的要請に照らして不適切として批判を受ける等、金融機関に対する信頼や企業価値を大きく損なう事案が相次いで発生しています。

　このような状況において、金融庁は、2018年6月、「形式・過去・部分」から「実質・未来・全体」を志向する「金融検査・監督の考え方と進め方

（検査・監督基本方針）」を公表し、分野ごとの固有の考え方や進め方を示す「ディスカッション・ペーパー」として、2018年10月、「コンプライアンス・リスク管理に関する検査・監督の考え方と進め方（コンプライアンス・リスク管理基本方針）」を公表しました。

　検査・監督基本方針では、金融検査マニュアルが2019年4月1日以降をメドに廃止されることが明示されました。こうした金融当局の公表等により、金融当局が「実質・未来・全体」志向のモニタリングを進めていくのか、金融機関はいかにしてコンプライアンス・リスク管理態勢を構築していくべきか、これらによって金融機関の不祥事は予防され得るのか、実際に不祥事が生じた場合にどのように対応すればよいか等、金融機関にとっては悩みが尽きない状況が続いています。

　本書は、このような悩みを少しでも解消すべく、コンプライアンス・リスク管理基本方針の概説を中心としながら、日本取引所自主規制法人の「上場会社における不祥事予防のプリンシプル」「上場会社における不祥事対応のプリンシプル」、金融庁の「顧客本位の業務運営に関する原則」等、コンプライアンス・リスク管理に関する周辺の論点についても可能な限り紹介しています。

　本書の対象とする金融機関は、特定の業態のみを想定としているわけではありません。本書は、業態や金融機関ごとに適用される具体的な法規制等の詳述はしていないかわりに、広く金融機関一般に当てはまるコンプライアンス・リスク管理態勢の構築やその課題・問題意識等を記載しています。本書が、金融機関のコンプライアンス・リスク管理態勢の整備にかかわるすべての方にとってヒントや示唆となり、コンプライアンス・リスク管理態勢の高度化や更なる不祥事の防止にとってなんらかの一助となれば、これ以上の喜びはありません。

　なお、本書のうち意見にわたる部分は、筆者の個人的見解であり、筆者がこれまでに所属し、また現在所属しているいかなる組織・団体の見解を述べているものではありません。また、本書で紹介している具体的な事例・イメージ等は、あくまで一つの参考にすぎません。リスクベース・アプローチ

のもとでは、各金融機関が直面するコンプライアンス・リスクを適時適切に特定・評価し、これを低減・制御していくことが重要であり、金融機関ごとの特性や組織構造等に応じて、個別具体的な取組みを工夫していくことが重要となります。

　本書の執筆にあたっては、筆者がこれまでの業務でお世話になった方々をはじめ、金融機関のコンプライアンスに知見を有する有識者・実務家の方々から多数の有益なご意見をいただきました。紙面の関係上、すべての方を列挙することはできませんが、ここに感謝申し上げます。もとより、最終的な文責は筆者にあることはいうまでもありません。

　最後になりましたが、本書の上梓にあたり、適切な助言や編集作業をいただいた、出版部長の田島正一郎様をはじめ、株式会社きんざいの皆さまにも、あらためて感謝申し上げます。

2019年3月

今野　雅司

【著者略歴】

今野　雅司（こんの　まさし）

弁護士・ニューヨーク州弁護士・公認会計士・公認不正検査士
東京大学法学部卒業
2006年　隼あすか法律事務所入所
2011年　ペンシルバニア大学ロースクール卒業（LL.M. with distinction）
　　　　預金保険機構　法務統括室
2016年　金融庁検査局　総務課
　　　　地域金融機関等モニタリングチーム、経営管理等モニタリングチーム、法令遵守等モニタリングチーム、マネーロンダリングモニタリングチーム等に所属
2018年　有限責任監査法人トーマツ

［著書・論文等］
「改正入管法の概要と金融機関に求められる対応」（金融財政事情（2019年2月11日））
「コンプライアンス・リスク管理と金融実務」（金融法務事情2014号（2018年12月25日））
『マネロン・テロ資金供与リスクと金融機関の実務対応』（中央経済社、2018年11月）
「マネー・ローンダリング及びテロ資金供与対策に関するガイドライン」の概要と送金取引に係る留意点（銀行法務21 No.828（2018年5月号）、共著）
「マネー・ローンダリング及びテロ資金供与対策に関するガイドライン」の概要（金融法務事情2084号（2018年2月25日）、共著）
「マネロン・テロ資金供与対応におけるリスクベース・アプローチの重要性」（金融財政事情（2017年11月6日）、共著）
「米国大規模金融機関に対する責任追及事案の概要～バンク・オブ・アメリカと司法省、FDICその他の関係政府機関との和解～」（預金保険研究第19号（2016年5月））
「日本振興銀行の破綻処理―預金者保護を中心として―(1)～(4)」（金融法務事情1957号（2012年11月10日）～1960号（2012年12月25日）、共著）

目　次

第1章　コンプライアンスをめぐる現状

第1節　コンプライアンスに関するこれまでの議論の流れ ………… 2
第2節　「コンプラ疲れ」への対応 ……………………………………… 5
第3節　いま、何が起きているのか …………………………………… 8
第4節　検査・監督基本方針とコンプライアンス・リスク管理基本方針の策定 ……………………………………………………………… 10
  (1)　検査・監督基本方針の策定・公表 ……………………………… 10
  (2)　検査・監督に関する方針の示し方 ……………………………… 12
  (3)　コンプライアンス・リスク管理基本方針の策定・公表 ……… 18

第2章　コンプライアンス・リスク管理基本方針

第1節　コンプライアンス・リスク管理基本方針の位置づけ ……… 22
  (1)　コンプライアンス・リスク管理基本方針が対象とするリスク …… 22
  (2)　「コンプライアンス・リスク」とは ……………………………… 24
  (3)　コンプライアンス・リスク管理基本方針が適用される「金融機関」… 29
第2節　コンプライアンス・リスク管理高度化の必要性
　　　　──実質・未来・全体志向のコンプライアンス・リスク管理へ …… 33
第3節　金融機関における管理態勢
　　　　──経営・ガバナンスに関する着眼点 ………………………… 38
  (1)　企業文化・ガバナンス ………………………………………… 40
  (2)　リスク管理の枠組み──3つの防衛線（3線管理）…………… 62
第4節　リスクベースのコンプライアンス・リスク管理 …………… 73
  (1)　リスクベース・アプローチ ……………………………………… 75
  (2)　幅広いリスクの捕捉および把握 ………………………………… 77

第5節　当局による検査・監督 …………………………………… 86
　(1)　多様で幅広い情報収集 ………………………………………… 86
　(2)　モニタリング課題の設定 ……………………………………… 88
　(3)　モニタリング方針の策定およびモニタリングの実施 ……… 88
　(4)　当局の問題意識の発信 ………………………………………… 89
　(5)　モニタリングに関する態勢整備 ……………………………… 90
　(6)　検査・監督にあたっての留意点 ……………………………… 91

第3章　金融機関ごとのコンプライアンス・リスク管理上の課題

第1節　金融グループとして活動する金融機関 ………………… 95
　(1)　グループ会社管理 ……………………………………………… 95
　(2)　海外拠点管理 …………………………………………………… 96
第2節　地域金融機関 ……………………………………………… 99
第3節　フィンテック等に関する課題 …………………………… 102
　(1)　既存の金融機関がフィンテックを活用する場合 …………… 102
　(2)　非金融の事業会社・フィンテック企業等が金融業務を行う場合 … 104
　(3)　コンプライアンス・リスク管理にフィンテック等を活用する場合 … 105

第4章　金融機関における既存の取組みとの関係・他の参考となる枠組み等

第1節　内部統制 …………………………………………………… 111
　(1)　内部統制に関する既存の取組み ……………………………… 111
　(2)　COSOフレームワーク ………………………………………… 112
　(3)　COSO ERMとの関係 ………………………………………… 114
第2節　マネー・ローンダリングおよびテロ資金供与対策 …… 117
　(1)　「マネー・ローンダリング及びテロ資金供与対策に関するガイ

ドライン」 ………………………………………………………… 117
　(2) マネロン・テロ資金供与対策におけるリスクベース・アプローチ … 119
　(3) 管理態勢とその有効性の検証・見直し ……………………… 121
　(4) 金融庁によるモニタリング等 ………………………………… 123
第3節　不祥事予防・不祥事対応のプリンシプル ……………………… 126
　(1) 「上場会社における不祥事予防のプリンシプル」
　　　——平時のコンプライアンス ………………………………… 126
　　【参考】「上場会社における不祥事予防のプリンシプル～企業価
　　　値の毀損を防ぐために～」 …………………………………… 133
　(2) 平時と有事のコンプライアンス対応の連続性 ……………… 143
　(3) 「上場会社における不祥事対応のプリンシプル」
　　　——有事のコンプライアンス ………………………………… 144
　　【参考】「上場会社における不祥事対応のプリンシプル～確かな
　　　企業価値の再生のために～」 ………………………………… 151
第4節　顧客本位の業務運営に関する原則 ……………………………… 154
　(1) 顧客本位の業務運営とコンプライアンス・リスク管理 …… 154
　(2) 「実質・未来・全体」志向の顧客本位の業務運営態勢 …… 155
　　【参考】顧客本位の業務運営に関する原則（抄） …………… 159

事項索引 ………………………………………………………………… 165

第1章

コンプライアンスをめぐる現状

第1節

コンプライアンスに関するこれまでの議論の流れ

　「コンプライアンス」という用語は、1990年代のバブル崩壊後、反社会的勢力への利益供与、民間企業と官庁との癒着等が相次いだ後、2000年以降に盛んに用いられるようになってきました。2006年の公益通報者保護法の施行、取締役会に内部統制システム構築義務を課した会社法の施行等の法制化も、企業に対してコンプライアンスを意識させる一つのきっかけとなりました[1]。

　金融機関との関係でも、金融庁が発出している監督指針や金融検査マニュアルにおいて、「コンプライアンス」という用語が用いられています。

　具体的には、「主要行等向けの総合的な監督指針」では、「法令等遵守（コンプライアンス）」としたうえ、「金融機関の健全性を支える基本は、リスク管理と法令等遵守（コンプライアンス）である」としています[2]。この記載からは、コンプライアンス＝法令等遵守であり、ともに金融機関の健全性を支える要素ではあるがリスク管理とは異なるもの、と整理していることがうかがわれます。

　また、「預金等受入金融機関に係る金融検査マニュアル」では、「コンプライアンス」についての具体的な定義規定は設けていないものの、「「リーガル・チェック等」とは、コンプライアンス・チェックを含み、例えば、法務担当者、法務担当部署、コンプライアンス担当者、コンプライアンス統括部門又は社内外の弁護士等の専門家により内部規程等の一貫性・整合性や、取

---

[1] 企業に対してコンプライアンスが求められるようになった理由については、髙巖『コンプライアンスの知識［第3版］』（日経文庫、2017年）14～56頁参照。
[2] 金融庁「主要行等向けの総合的な監督指針」（平成30年8月）、https://www.fsa.go.jp/common/law/guide/city.pdf、7頁参照。

引及び業務の適法性について法的側面から検証することをいう」とされ[3]、「リーガル・チェック等」に含まれるものと整理されています。そのほか、「コンプライアンス統括部門」「コンプライアンス担当者」の責任・役割や、役職員が遵守すべき法令等の解説、違法行為を発見した場合の対処方法等を具体的に示した手引書としての「コンプライアンス・マニュアル」の策定[4]、コンプライアンスを実現させるための具体的な実践計画（内部規程の整備、職員等の研修計画など）としての「コンプライアンス・プログラム」の最長でも年度ごとの策定[5]等につき定めています。

　金融検査マニュアルは金融当局の検査官向けのマニュアルではありますが、金融機関としては、実質的には金融検査マニュアルの記載を参考に態勢整備を進めてきた実態があります。なお、第1章第4節、第2章第1節で後述するとおり、金融検査マニュアルは2019年4月1日以降をメドに廃止されることが予定されていますが、これまでに定着した実務が否定されるものではなく、金融機関が現状の実務を出発点に、よりよい実務に向けた創意工夫を進めていくことが前提とされています[6]。したがって、金融検査マニュアル廃止以降も、上記の実務は少なくとも一定期間は継続していくことが想定されます。

3　金融庁「金融検査マニュアル（預金等受入金融機関に係る金融検査マニュアル）」（平成29年5月）、https://www.fsa.go.jp/manual/manualj/yoki_h290530.pdf、6頁。
4　金融庁、前掲注3・51頁参照。
5　金融庁、前掲注3・51頁参照。
6　金融庁「コンプライアンス・リスク管理に関する検査・監督の考え方と進め方（コンプライアンス・リスク管理基本方針）」（平成30年10月）、https://www.fsa.go.jp/news/30/dp/compliance_revised.pdf、1頁参照。

この節のポイント

- ✓ 金融機関の「コンプライアンス」は、監督指針や金融検査マニュアルにおいても規定されています。
- ✓ 監督指針上、①コンプライアンス＝法令等遵守であり、②コンプライアンスはリスク管理とは異なるもの、とされています。
- ✓ 「コンプライアンス統括部門」「コンプライアンス担当者」「コンプライアンス・マニュアル」「コンプライアンス・プログラム」等、金融検査マニュアルに記載されていた実務は、2019年4月1日以降の金融検査マニュアル廃止以降も存続することが想定されます。

第2節 「コンプラ疲れ」への対応

　金融当局により発出された上記のような詳細な金融検査マニュアル等は、金融機関によるコンプライアンス態勢の構築・平準化に一定程度役立ちました。他方で、金融当局による過剰規制・過剰介入、金融機関の創意工夫の不必要な制限、コンプライアンス・コストの増大等[7]、詳細な行政上の手引書を示したことによる弊害もみえてくるようになってきました。銀行法・保険業法・金融商品取引法等の業態ごとに遵守すべき法令のほか、犯罪収益移転防止法・外為法等、金融機関として遵守すべき業法以外の法令、個人情報保護法・労働法等、事業会社として遵守すべき法令、グローバル展開する場合における外国の法規制……カバーすべき法規制はこれまでになく広がっており、このような状況下で金融検査マニュアルに基づく態勢整備や検査対応等を行う必要に迫られるなか、所管するコンプライアンス部門のみならず、営業現場等のコンプライアンス以外の部門も含め、疲弊がみられるようにもなってきました。信用リスクや市場リスク等の分野においても、「いかにしてリスクを管理するか」という視点よりも、「いかにしてこれらの分野に係る規制や金融機関内部の規程を（形式的に）遵守していくか」という視点が強調されるような事態も生じてきました（「リスク管理のコンプラ化[8]」）。

　このような状況等について、「コンプラ（法令等遵守）疲れ」という言葉が用いられるようになりました。たとえば、平成25事務年度の金融モニタリング基本方針において、金融モニタリング手法の見直しと課題の一つとして、「金融機関における「コンプラ（法令等遵守）疲れ」への対応」をあげ、「こ

---

[7] 金融庁「金融検査・監督の考え方と進め方（検査・監督基本方針）」（平成30年6月）、https://www.fsa.go.jp/news/30/wp/supervisory_approaches_revised.pdf、7頁。
[8] 金融庁、前掲注7・30頁参照。

れまでの当局による検査等での指摘への対応を含めた金融機関側のコンプライアンス対応が累積し、実質的な意味での顧客保護等の観点からはあまり効果的でなく、かえって顧客利便を損ねているような過度に形式的なルールについて、より効果的・効率的にしていく視点を金融モニタリングにおいて導入していく」とされています[9]。

こうした流れを受けて、金融当局は、一定期間ごとに立入検査を行ったり、金融検査マニュアルのチェックリストの遵守状況を確認するといった形式的なオンサイト・モニタリングを行うのではなく、リスクに応じて検査対象や検査項目を特定して実施するモニタリングを、オンサイト・オフサイト一体で行う方向に移行していきました。

---

[9] 金融庁「平成25事務年度　金融モニタリング基本方針」（平成25年9月6日）、https://www.fsa.go.jp/news/25/20130906-3/10.pdf、14頁。

> **この節のポイント**
>
> ✓ 金融検査マニュアルは、金融機関によるコンプライアンス態勢の構築・平準化に一定程度役立った一方、金融当局による過剰規制・過剰介入、金融機関の創意工夫の不必要な制限、コンプライアンス・コストの増大等の弊害も生ずるようになってきました。
> ✓ こうしたなか、所管するコンプライアンス部門や、営業部門等の現場においても、「コンプラ(法令等遵守)疲れ」といった状況を生むようになっていました。
> ✓ こうした流れを受けて、金融当局は、形式的なオンサイト・モニタリングから、リスクに応じて検査対象や検査項目を特定して実施するモニタリングを、オンサイト・オフサイト一体で行う方向に移行していきました。

第3節 いま、何が起きているのか

　それでは、こうした金融当局の動きに呼応するかたちで、「コンプラ疲れ」といわれた状況は解消されたかというと、必ずしもそうとはいえないように見受けられます。遵守すべき法規制は拡大を続ける一方で、これらに対してリスクに応じたメリハリのある対応がなされているとは必ずしも言いがたい側面があります。

　また、近時、既存の法令には直ちに抵触しないものの、金融機関に対する社会的要請に照らして不適切であるとして社会的に批判を受け、企業価値を損なう事案が生じています。こうした事案に対しては、既存の法規制の形式的な遵守では足りず、社会が金融機関に求める要請を適時適切に把握していくことが重要となりますが、法規制への対処等に忙殺され、金融機関に対する社会的要請を意識した対応まで追いついていないというのが実態と思われます。金融当局から示される指針や金融検査マニュアル等への形式的遵守を強調してきた結果、こうした指針や金融検査マニュアル等で明示的に記載されているか否かのみで物事を判断するといった企業文化が形成されてきた側面も否定できません。

　さらに、事業のグローバル化やIT等の新技術の進展等、金融機関をめぐる経営環境は急激に変化しており、海外進出に伴うリスクや、新技術の導入・フィンテック企業との協業等において生ずるリスク等、新たなリスクに対応する必要も従前以上に増大しています。

この節のポイント

- ✓ 近時、既存の法令には直ちに抵触しないものの、金融機関に対する社会的要請に照らして不適切であるとして社会的に批判を受け、企業価値を損なう事案が生じています。
- ✓ 金融機関をめぐる経営環境は急激に変化しており、海外進出に伴うリスクや、新技術の導入・フィンテック企業との協業等において生ずるリスク等、新たなリスクに対応する必要も増大しています。

第4節

検査・監督基本方針と
コンプライアンス・リスク管理基本方針の策定

(1) 検査・監督基本方針の策定・公表

　このような状況において、金融庁は、2018年6月、「形式・過去・部分」から「実質・未来・全体」を志向する「金融検査・監督の考え方と進め方（検査・監督基本方針）」を公表しました。

　検査・監督基本方針では、①金融行政の基本的な考え方をあらためて示したうえ、これまでの検査・監督の手法やその問題意識等を前提としながら、今後の②検査・監督の進め方や③当局の態勢整備について記載しています[10]。

　金融行政の基本的な考え方としては、金融行政の究極的目標として「国民の厚生の増大」「企業・経済の持続的成長／安定的な資産形成」をあらためて示したうえ、これを実現するための基本的目標として、①金融システムの安定と金融仲介機能の発揮の両立、②利用者保護と利用者利便の両立、③市場の公正性・透明性と市場の活力の両立を目指すことが掲げられています。

　また、これまでの金融行政における問題点を「形式への集中」「過去への集中」「部分への集中」にあるとしたうえ、金融行政の目標の実現に寄与する方法として、「実質・未来・全体」へと視野を広げることの重要性につき言及しています。検査・監督基本方針では、この問題に関しリスク管理全般について言及していますが、コンプライアンス・リスク管理においてもこの「実質・未来・全体」志向が今後ますます重要となってくるものと思われま

---

[10] 検査・監督基本方針については、川西拓人＝吉田桂公「「金融検査・監督の考え方と進め方（検査・監督基本方針）」と各業態における検証例等」金融法務事情2100号58頁参照。

図表1-1 本方針の主なポイント

金融行政の基本的な考え方
- 金融行政の目標の明確化
  - ✓ 金融システムの安定／金融仲介機能の発揮、利用者保護／利用者利便、市場の公正性・透明性／市場の活力のそれぞれを両立させ、
  - ✓ これを通じ、企業・経済の持続的成長と安定的な資産形成等による国民の厚生の増大を目指す。
- 「市場の失敗」を補い、市場メカニズムの発揮を通じて究極的な目標を実現。
- 「形式・過去・部分」から「実質・未来・全体」に視野を広げる。
- ルール・ベースの行政からルールとプリンシプルのバランス重視へ。

検査・監督の進め方
- 実質・未来・全体の視点からの検査・監督に注力。
  - ✓ 「最低基準検証」を形式チェックから実効性の評価に改める。
  - ✓ フォワードルッキングな分析に基づく「動的な監督」に取り組む。
  - ✓ ベスト・プラクティスの追求のための「見える化と探究型対話」を工夫していく。
- チェックリストに基づく網羅的な検証から優先課題の重点的なモニタリングへ。
- 定期検査中心のモニタリングからオン・オフ一体の継続的なモニタリングへ。
- 各金融機関の実情についての深い知見、課題毎の高い専門性を蓄積し、金融機関内外の幅広い関係者との対話を行う。

当局の態勢整備
- 外部からの提言・批判が反映されるガバナンス・品質管理。
- 分野別の「考え方と進め方」などを用いた対話を進めていく。
- 平成30年度終了後（平成31年4月1日以降）を目途に検査マニュアルを廃止（金融機関の現状の実務の否定ではなく、より多様な創意工夫を可能とするために行う）。
- 新しい検査・監督のあり方に沿って、内部組織・人材育成・情報インフラを見直す。

（出典） 検査・監督基本方針1頁

す（この点については第2章第2節で後述します）。

図表 1 - 2　金融行政の目標（安定重視から安定と成長の両立へ）

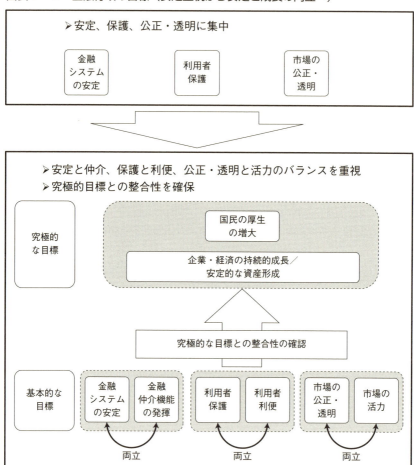

（出典）　検査・監督基本方針 5 頁

(2)　検査・監督に関する方針の示し方

　検査・監督基本方針は、「実質・未来・全体」に重点を置いた検査・監督の実現に向け、検査・監督に関する方針の示し方を詳細に記載しています[11]。

11　金融庁、前掲注 7 ・30～36頁。

図表 1－3 「形式・過去・部分」から「実質・未来・全体」へ

形式	実質
―担保・保証の有無やルール遵守の証拠作りを必要以上に重視	―最低基準（ミニマム・スタンダード）が形式的に守られているかではなく、実質的に良質な金融サービスの提供やリスク管理等ができているか（ベスト・プラクティス）へ
過去	未来
―足元のバランスシートや過去のコンプライアンス違反を重視	―過去の一時点の健全性の確認ではなく、将来に向けた健全性が確保されているか
部分	全体
―個別の資産査定に集中、問題発生の根本原因の究明や必要な対策の議論を軽視	―特定の個別問題への対応に集中するのではなく、真に重要な問題への対応ができているか

（中央：視野の拡大）

（出典） 検査・監督基本方針8頁

a　金融検査マニュアル

　検査・監督基本方針は、これまで金融機関・金融当局双方にとって実務上大きな影響のあった金融検査マニュアルにつき、その問題点も含めて詳細に説明しています。

　すなわち、金融検査マニュアルは、検査官が金融機関を検査する際に用いる手引書であり、金融危機の時代にリスク管理態勢や法令遵守・顧客保護態勢を確立するうえで大きな役割を果たした一方、①チェックリストの形式をとっており、金融行政の目標との関係や考え方を詳細には示さずに、金融機関が対応すべき事項のみを列記していること、②金融機関の内部管理態勢が満たすべき実効性の水準を示すのではなく、方針・内部規程の策定、専門組織の設置等、実効性を確保するための特定の方法を示していること、③長年にわたりマニュアルを用いた定期的で網羅的な検査が反復された結果、(i)チェックリストの確認が検査の焦点になり、検査官による形式的・些末な指摘が助長され、実質や全体像が見失われる、(ii)金融機関がチェックリストの形式的遵守を図り、自己管理の形式化・リスク管理のコンプラ化につなが

る、(iii)最低基準さえ充足していればよいという企業文化を生む、(iv)金融検査マニュアルに基づく過去の検査指摘が、環境や課題が変化したにもかかわら

図表1－4　検査マニュアルの役割と問題点

【検査マニュアルの役割】
- 検査官が金融機関を検査する際に用いる手引書
- 金融機関がマニュアルを参照して自らの方針や内部規程を作成することを期待
- 金融危機の時代に、最低限の自己査定、償却・引当、リスク管理態勢、法令遵守・顧客保護態勢を確立するうえで、大きな役割

【検査マニュアルの問題点】
1. チェックリストの形式をとっており、金融行政の目標との関係や考え方を詳細には示さずに、金融機関が対応すべき事項のみを列記している
2. 金融機関の内部管理態勢が満たすべき実効性の水準を示すのではなく、方針・内部規程の策定、専門組織の設置等、実効性を確保するための特定の方法を示している
3. 長年にわたりマニュアルを用いた定期的で網羅的な検査が反復された結果、以下の弊害
    i. チェックリストの確認が検査の焦点になり、検査官による形式的・些末な指摘が助長され、実質や全体像が見失われる
    ii. 金融機関がチェックリストの形式的遵守を図り、自己管理の形式化・リスク管理のコンプラ化につながる
    iii. 最低基準さえ充足していればよいという企業文化を生む
    iv. 検査マニュアルに基づく過去の検査指摘が、環境や課題が変化したにもかかわらず、暗黙のルールのようになってしまう
    v. 検査マニュアル対応を念頭に策定された金融機関の詳細な内部規程が固定化し、行内において自己変革を避ける口実として用いられたり、創意工夫の障害となったりする

【検査マニュアルは2019.4.1以降をメドに廃止】
1. 健全性政策やコンプライアンス・リスク管理について「考え方と進め方」で対話、新しい検査・監督についての理解を共有
2. 資産分類と償却・引当について、有識者等との検討結果を「考え方と進め方」に取りまとめ、幅広い関係者との対話
3. 廃止に伴い法令の適用・解釈の明確化等の面で実務上の支障が生じる場合には、監督指針の修正

（注）　検査・監督基本方針30～33頁（https://www.fsa.go.jp/news/30/dp/compliance_revised_abstruct.pdf）を参考に筆者作成。

ず、暗黙のルールのようになってしまう、(ⅴ)金融検査マニュアル対応を念頭に策定された金融機関の詳細な内部規程が固定化し、行内において自己変革を避ける口実として用いられたり、創意工夫の障害となったりする、といった問題点があると指摘されています。

そこで、金融検査マニュアルは別表も含め廃止することとしたうえ、これまでに定着した金融機関の実務を否定するものではなく、金融機関が現状の実務を出発点によりよい実務に向けた創意工夫を進めやすくするためのものであること、実務での誤解や戸惑い、混乱の生じないよう、準備期間を設けることとし、廃止の時期は平成30年度終了後（2019年4月1日以降）をメドとすること等が示されています。

　b　監督指針

監督指針は、法令の適用・解釈の明確化や許認可・行政処分等の手順を示したものであるところ、こうした点について予見可能性を確保することは引き続き重要と考えられるため、その利用は継続するとされています。ただし、①上記の金融検査マニュアルの廃止に伴って法令の適用・解釈の明確化等の面で実務上の支障が生ずる場合には監督指針の修正等により対応を図ること、②オフサイト・モニタリングの着眼点について述べている部分につい

図表1－5　監督指針

監督指針
- 法令の適用・解釈の明確化や許認可・行政処分等の手順を示したもの
- こうした点について予見可能性を確保することは引き続き重要

監督指針については利用を継続
1. 検査マニュアルの廃止に伴って法令の適用・解釈の明確化等の面で実務上の支障が生ずる場合には監督指針の修正等により対応を図る
2. オフサイト・モニタリングの着眼点について述べている部分については今後適宜整理
3. 過度に細かく特定の方法を記載する等行き過ぎたルール・ベースとなって金融機関の創意工夫を妨げている場合には見直しを行う

（注）　検査・監督基本方針33頁（https://www.fsa.go.jp/news/30/dp/compliance_revised_abstract.pdf）を参考に筆者作成。

ては今後適宜整理すること、③過度に細かく特定の方法を記載する等行き過ぎたルールベースとなって金融機関の創意工夫を妨げている場合には見直しを行うこと、等が指摘されております。

図表１－６　考え方、進め方、プリンシプル

考え方、進め方、プリンシプル

1. 基本的な考え方や金融行政の目標にさかのぼって議論を深めるための視点を提供
　⇒そこでの記載を振りかざして議論を打ち切る根拠として用いられるようなものとはしない
2. あらゆる問題に体系的・網羅的に解答を提供するのではなく、整理が有益と考えられるテーマを順次取り扱う
　⇒健全性政策／コンプライアンス・リスク管理／金融仲介機能の発揮
　　保険会社等特定の業態に固有のテーマ／ストレス・テスト／ITガバナンス／資産分類、償却・引当／……
3. 金融機関の規模・特性に応じた内容とし、小規模金融機関等に対して不必要に複雑な議論を求めない
4. 議論のための材料であることを明示した文書（ディスカッション・ペーパー）を活用
　⇒考え方が熟した場合には、必要に応じプリンシプルのかたちに整理
5. 実例を類型化した「事例」の公表によって考え方やプリンシプルを補い、透明性を高めていく

留意点

- よりよい実務に向けた対話の材料とするためのものであり、公表のたびに金融機関に個別の取扱いや内部規程の修正を期待するものではない
- 検査・監督において、個々の論点を形式的に適用したり、チェックリストとして用いることはしない
- 重点的にモニタリングを行った場合には、ある程度成果がまとまった段階で、必要に応じその結果と今後の課題や着眼点等を公表
- 幅広い金融機関において水準の底上げが急がれる分野や、個別金融機関による経験の蓄積に限界があるような分野等については、考え方とあわせて具体的な基準を示すことも検討
　⇒一度示した考え方や基準は固定化させず、よりよい実務に向けた見直しや改善を続けていく

（注）　検査・監督基本方針33～35頁（https://www.fsa.go.jp/news/30/dp/compliance_revised_abstruct.pdf）を参考に筆者作成。

図表1－7　検査・監督に関する方針の示し方

ルールとチェックリスト中心 →方針に示された結論の適用	→	プリンシプルと考え方・進め方中心 →金融行政の目的に遡って判断
検査マニュアル （網羅的・包括的なチェックリスト集）		**平成30年度終了後（平成31年4月1日以降）を目途に廃止** （金融機関の現状の実務の否定ではなく、より多様な創意工夫を可能とするために行う）
監督指針 （法令等の適用・解釈の明確化、国際基準の国内実施細則、免許・許認可・指導・処分等の事務処理について記載）		**監督指針** （過度に詳細なルール等は見直し）
		金融検査・監督の考え方と進め方（本文書） （検査・監督基本方針。チェックリストを示さず、検査・監督全般に共通する考え方と進め方を記載）
		プリンシプル （例）　・顧客本位の業務運営に関する原則 　　　　　（2017－）
	→	**分野別の「考え方と進め方」**（まだ確立しておらず、熟度の低い考え方・進め方については、ディスカッション・ペーパーの形で提示） また、ディスカッション・ペーパーの形以外でも、時々の重要な課題に対する、今後の課題や着眼点等の公表を検討 （例）　・コンプライアンス・リスク管理態勢 　　　　　・金融仲介機能の発揮 　　　　　・融資に関する検査・監督実務 　　　　　・健全性政策 　　　　　・ITガバナンス
		上記のほか、必要に応じ特定の分野に関する具体的な基準を示すことも検討
年度検査方針、年度監督方針 （事務年度ごとの方針）		**年度金融行政方針（2015－）** （事務年度ごとの方針。金融レポートで実施結果を検証、次年度方針に反映）
事務連絡 （一定の局面下でタイムリーな意見発信や注意喚起を行うための文書）		**事務連絡、意見交換会の発言概要（2017－）** （同左）

（出典）　検査・監督基本方針36頁

金融機関の実務や内部管理態勢の構築にあたっては、今後も監督指針は重要であり、金融検査マニュアルの廃止等に伴って実施されることが想定される監督指針の改正の動向にも留意していくことが必要と考えられます。

 c 考え方、進め方、プリンシプル

　検査・監督基本方針では、「実質・未来・全体」に重点を置いた検査・監督を実現していくためには、結論よりは考え方、進め方、プリンシプルを示し、金融行政の目的にさかのぼった判断ができるようにしていく必要があるとし、よりよい実務に向けた対話の材料として、分野ごとの固有の「考え方や進め方」を策定するとしています。このほか、重点的にモニタリングを行った場合における結果や今後の課題・着眼点等の公表、幅広い金融機関において水準の底上げが急がれる分野や、個別金融機関による経験の蓄積に限界があるような分野等についての具体的な基準の公表等にも触れられています。分野別の「考え方と進め方」の個々の論点を形式的に適用したり、チェックリストとして用いることはせず、また一度示した考え方や基準も固定化させることなく、よりよい実務に向けた見直しや改善を続けていくとされていますが、金融機関としては、こうした当局による発信に絶えず注意を払っていくことが重要といえます。

(3)　コンプライアンス・リスク管理基本方針の策定・公表

　金融庁は、2018年10月、「コンプライアンス・リスク管理に関する検査・監督の考え方と進め方（コンプライアンス・リスク管理基本方針）」を策定・公表しました。

　コンプライアンス・リスク管理基本方針は、検査・監督基本方針の「考え方、進め方、プリンシプル」で定めるところの、「議論のための材料であることを明示した文書（ディスカッション・ペーパー）」として公表されました[12]。検査・監督基本方針によれば、コンプライアンス・リスク管理は、整理が有益と考えられるテーマであり、対話によって考え方が熟した場合には、必要に応じプリンシプルのかたちに整理していくことが想定されます。金融機関としては、コンプライアンス・リスク管理基本方針の記載やこれに

まつわる当局の問題意識等を意識しながら、実効的なコンプライアンス・リスク管理態勢を構築していくことが重要となります。

---

12 同様の位置づけである個別分野ごとのディスカッション・ペーパーとしては、2018年6月29日に公表された「金融システムの安定を目標とする検査・監督の考え方と進め方（健全性政策基本方針）」（案）（https://www.fsa.go.jp/news/30/dp/prudence.pdf）があります。

この節のポイント

- ✓ 検査・監督基本方針は、「形式・過去・部分」から「実質・未来・全体」を志向しています。
- ✓ 弊害もみられるようになった金融検査マニュアルは、2019年4月1日以降をメドに廃止されることが予定されています。
- ✓ 監督指針の利用は今後も継続され、①金融検査マニュアル廃止に伴って実務上の支障が生ずる場合、②オフサイト・モニタリングの着眼点について述べている部分について整理する必要がある場合、③過度に細かく特定の方法を記載する等金融機関の創意工夫を妨げている場合には見直しを行うことが想定されています。
- ✓ 「実質・未来・全体」に重点を置いた検査・監督を実現していくため、よりよい実務に向けた対話の材料として、分野ごとの固有の「考え方や進め方」を策定するとしています。このほか、重点的にモニタリングを行った場合における結果や今後の課題・着眼点等の公表等も想定されています。
- ✓ コンプライアンス・リスク管理基本方針は、検査・監督基本方針の「考え方、進め方、プリンシプル」で定めるところの、「議論のための材料であることを明示した文書（ディスカッション・ペーパー）」として公表されました。

第 2 章

コンプライアンス・リスク管理基本方針

第 1 節

コンプライアンス・リスク管理基本方針の位置づけ

(1) コンプライアンス・リスク管理基本方針が対象とするリスク

　コンプライアンス・リスク管理基本方針は、その名のとおり「コンプライアンス・リスク」の管理を対象としており、利用者保護と市場の公正・透明に関する分野、そのなかでも特に、法令等遵守態勢や顧客保護等管理態勢として扱われてきた分野をその対象としています（コンプライアンス・リスク管理基本方針1頁、以下、本章では頁のみを示します）。

　もっとも、他のリスク・カテゴリーに分類されるリスクとコンプライアンス・リスクとが同時に顕在化する場合や、コンプライアンス・リスクに関する問題事象が他のリスクが顕在化する予兆である場合等、コンプライアンス・リスクと他のリスクが関連する場合にも、コンプライアンス・リスク管理基本方針の考え方が妥当するとされています（1頁）。

　具体的には、①信用リスクとコンプライアンス・リスクが関連する事例として、収益至上主義の傾向を有する企業文化のもとで、無理な営業活動、杜撰な与信審査、審査関係書類の改ざん等の不正が行われる場合、②システムリスクとコンプライアンス・リスクが関連する事例として、脆弱なセキュリティ態勢のもと、コンピュータの不正利用や機密情報の流出が発生し、事後対応の不適切さも相まって、顧客の被害、金融機関の経済的損失やレピュテーションの著しい低下等につながる場合、③事務リスクとコンプライアンス・リスクが関連する事例として、事務ミス、事故、不正等を軽視し、根本原因を同じくする事象が多数または広がりをもって発生していることを看過している場合、等が考えられます[1]。これらの例は、コンプライアンス・リ

図表2-1　コンプライアンス・リスク管理基本方針の位置づけ

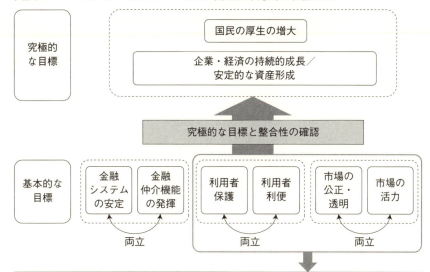

【コンプライアンス・リスク管理基本方針のスコープ】
- 利用者保護と市場の公正・透明に関する分野、そのなかでも特に、法令等遵守態勢や顧客保護等管理態勢として扱われてきた分野
- 他のリスク・カテゴリーに分類されるリスクでも、コンプライアンス・リスクに関連する場合
  1. （信用リスク＋コンプライアンス・リスク）
     収益至上の企業文化での無理な営業活動・与信審査＋審査書類改ざん
  2. （システムリスク＋コンプライアンス・リスク）
     脆弱なセキュリティ下でのコンピュータの不正利用＋機密情報の流出
  3. （事務リスク＋コンプライアンス・リスク）
     事務ミス、事故、不正等を軽視＋同種事案の発生を看過

【コンプライアンス・リスク管理基本方針の利用方法】
- よりよい実務に向けた対話の材料とするためのもの、個々の論点を形式的に適用したり、チェックリストとして用いたりはしない
- 重点的にモニタリングを行った特定の課題等について、その結果や今後の課題・着眼点等を必要に応じ公表

【検査マニュアルとの関係】
- 平成30年度終了後（2019年4月1日以降）をメドに廃止予定
- 検査マニュアルに基づいて定着した実務を否定するものではなく、現状の実務を出発点に、よりよい実務に向けた創意工夫を進めやすくするためのもの

（注）　検査・監督基本方針5頁（https://www.fsa.go.jp/news/30/dp/compliance_revised_abstract.pdf）を参考に筆者作成。

スク管理基本方針とともに公表された「コメントの概要及びコメントに対する金融庁の考え方」（以下「パブコメ」といいます）に記載されています[2]。コンプライアンス・リスク管理基本方針を理解するには、パブコメについても理解しておくことが重要となります（本書では、パブコメのうち重要部分につき該当箇所で言及していきます）。

(2) 「コンプライアンス・リスク」とは

a　コンプライアンス・リスク管理基本方針における定義

ところで、コンプライアンス・リスク管理基本方針は、「コンプライアンス・リスク」とは何かを定めた定義規定を設けていません[3]。上記のとおり、これまでは監督指針等において「コンプライアンス＝法令等遵守」とされ、かつコンプライアンスとリスク管理とは峻別して整理されており、「コンプライアンス・リスク」との表現はこうしたこれまでの整理とはやや異なるようにも見受けられます。

また、コンプライアンス・リスク管理基本方針は、必ずしも共通した理解が形成されているとはいえないことを前提としつつ、コンダクト・リスクについても説明を設けています。コンダクト・リスクが生ずる場合として、金融機関の役職員の行動等によって、①利用者保護に悪影響が生ずる場合、②市場の公正・透明に悪影響を与える場合、③客観的に外部への悪影響が生じなくても、金融機関自身の風評に悪影響が生じ、それによってリスクが生ずる場合、をあげたうえで、「コンダクト・リスクは、金融機関に対する上記のような社会的な期待等に応えられなかった場合に顕在化するリスクを、比較的新しい言葉で言い換えているにすぎないと考えることもできる」としています（11、12頁）。

1　パブコメ10、11番参照。いずれも、近時の実際の金融機関での問題事象を念頭に置いているものと思われます。
2　https://www.fsa.go.jp/news/30/dp/compliance_comments.pdf
3　パブコメでは、各金融機関自身がビジネスモデル・経営戦略をふまえ、何が自社にとってのリスクにつながるかを検討する必要があるため、「コンプライアンス・リスク」についての具体的な定義を置いていないとされています（パブコメ5～9番）。

ここから、両者の定義およびその関係をあえて整理すれば、コンプライアンス・リスクとは、「法令や社会規範等からの逸脱により、①利用者保護、②市場の公正・透明、③金融機関自身の風評に悪影響が生ずるリスク」となり、このうち、金融機関の役職員の行動等に着目した概念がコンダクト・リスク、ということとなりそうです。

　b　コンダクト・リスク

　上記のとおり、コンプライアンス・リスク管理基本方針においては、コンダクト・リスクについても言及しています。

　コンダクト・リスクという概念は、リスク管理の枠組みのなかで捕捉および把握されておらず、いわば盲点となっているリスクがないかを意識させるものであり、世界的にも注目を集め始めています（11頁）。その一方で、コンプライアンス・リスク管理基本方針は、コンダクト・リスクについて、まだ必ずしも共通した理解が形成されているとはいえず、金融機関に対する社会的な期待等に応えられなかった場合に顕在化するリスクを比較的新しい言葉で言い換えているにすぎないと考えることもできる、としています（11頁、12頁）。

　この点に関し、コンダクト・リスクとは、役職員の行動の適切性に起因するもので、基本的にすべてのリスク・カテゴリーに存在するものであり、別途、独立した「コンダクト・リスク」というカテゴリーが存在するわけではない、といった意見も呈されています。これに対して、パブコメでは、「金融機関が、ある業務に関し、その適切性について問題意識がないため管理対象とはしていないものの、それが実は多数の顧客に損失が生じることとなる場合や、大きな社会的批判を受ける可能性のある場合があることは、我が国においても広く認識されはじめているところであり、本基本方針におけるコンプライアンス・リスクの考え方は、基本的にコンダクト・リスクの考え方とその趣旨を同じくするものである」とされており、コンダクト・リスクはコンプライアンス・リスクと同様のものであることを前提としているように読めます[4]。

　コンダクト・リスクについては、英国の金融行為規制機構（FCA：Financial Conduct Authority）をはじめ、海外の金融機関において議論がなされているテーマでもあります[5]。わが国においても、こうした海外での議論や、ディスカッション・ペーパーとしての性格を有するコンプライアンス・リスク管理基本方針に基づく金融当局と金融機関との対話等を通じて、コンダクト・リスクの概念や位置づけ、管理手法等につき共通認識や理解がいっそう深まっていくものと思われます。

いずれにせよ、コンダクト・リスクの定義自体を抽象的に議論・検証していったからといって、それのみをもって直ちにコンダクト・リスク管理態勢やコンプライアンス・リスク管理態勢が高度化するというものではありません。金融機関としては、コンダクト・リスクが顕在化しつつある事象としての事務ミス・苦情・内部通報・係争等の根本原因分析を通じた根本原因の除去・改善等を通じて、コンダクト・リスクの顕在化の「芽」を早い段階で摘み取り、企業価値が毀損することを可能な限り防止していく態勢を整備していくことが重要と考えられます。

c　リスク管理の一環としてのコンプライアンス

ところで、コンプライアンス・リスク管理基本方針において、コンプライアンスもリスク管理の一環であると整理したことには、どのような背景があるのでしょうか。

金融機関に限らず、事業会社一般において生ずる近時の不祥事は、必ずしも法令違反のみに限られるものではありません。メディアによる報道やSNSの浸透等も相まって、法令違反か否かを問題とすることなく、社会的な批判が一斉に広がり、こうした社会的批判の放置や不適切な対応が企業価値を損なう事案がみられます。金融機関としては、こうした社会的批判等に伴う企業価値の毀損が生ずることをいかに未然に防止し、またこれが発生した場合にいかに早期かつ適切に対応していくかが重要となってきています。

このように、金融機関が対応していくべき領域が法令等の遵守にとどまらないことになると、金融機関としては、法令等として明確にされていないが

4　パブコメ74番。
5　パブコメ74番参照。

金融機関に対して求められるもの（＝これをコンプライアンス・リスク管理基本方針では「社会規範」「社会的な要請」等と呼んでいます）を適切に把握しながら、これに対する対応を的確に実施していくことが必要となります。

　ここでいう「社会規範」や「社会的な要請」は、社会の目線の高まりや金融機関を取り巻く経営環境等の外部要因や、海外進出や新技術の導入等、金融機関が採用するビジネスモデル・経営戦略等の内部要因によって常に変化しうるものであり、その業務に公共性が認められる金融機関に対しては、一般の事業会社に比較してより高度な社会規範の遵守が求められているともいえます。

　金融機関としては、「法令等に違反していなければ問題ない」といったルールベースでの対応では十分ではなく[6]、自らが選択する経営戦略や、金融機関を取り巻く経営環境、高まる社会の目線等を常に意識しながら、変化する社会規範を適時適切に把握し、これに対する低減措置を的確に講じていくリスクベースでの対応が重要となります。

　コンプライアンス・リスク管理基本方針において、これまでのように「コンプライアンス＝法令等遵守」と狭く解するのではなく、コンプライアンスもリスク管理の一環として整理したのには、上記のような背景があったものと考えられます。コンプライアンスに対する対応をリスク管理の一環としてとらえることになると、他のリスク領域と同様、リスクベース・アプローチでの管理が有効と考えられますが、この点の詳細については第2章第4節で後述します。

---

[6] 金融機関が遵守すべき規範が法令にとどまらない点は、法令の制定過程等からもうかがい知ることができます。すなわち、法令の制定過程においては、社会規範や社会的な要請のうち、立法事実が認められ、かつ国家として規制せざるをえないレベルの行為が法令として規定されるのが一般的であり、「法令に違反していなければ問題ない」との発想では、「法令には違反していないが社会規範に悖り、社会的要請に反している」行為を看過してしまうリスクがあることになります。
　この点に関し、「法令は企業行動のボトムラインを示しているに過ぎない」「法令は現実を「後追い」して制定されるものである。そのような法令をさらに後追いするだけでは、企業は現実に降りかかってくるリスクを管理することはできない」とするものとして、中村直人『コンプライアンス・内部統制ハンドブック』（商事法務、2017年）11頁参照。

d　ステークホルダーの要請を意識したコンプライアンス・リスク管理

ところで、ここでいう「社会規範」や「社会的な要請」とは、いったい何を指しているのでしょうか。金融機関をはじめとする事業会社は、会社の所有者としての株主のみならず、顧客・債権者・取引先等の取引の相手方や、従業員や地域社会等、多くの利害関係者（ステークホルダー）に囲まれて存続しています。「社会的な要請」とは、こうしたステークホルダーの要請であり、不祥事とは、これらステークホルダーの信頼を損ない、企業価値を毀損することにほかなりません[7]。金融機関としては、絶えず変化しうるステークホルダーの要請を的確に把握し、その信頼を損なわないようにすることが重要であり、これがコンプライアンス・リスク管理やコンダクト・リスク管理の要諦ということができます。

図表2－2　社会的要請を意識したコンプライアンス・リスク管理

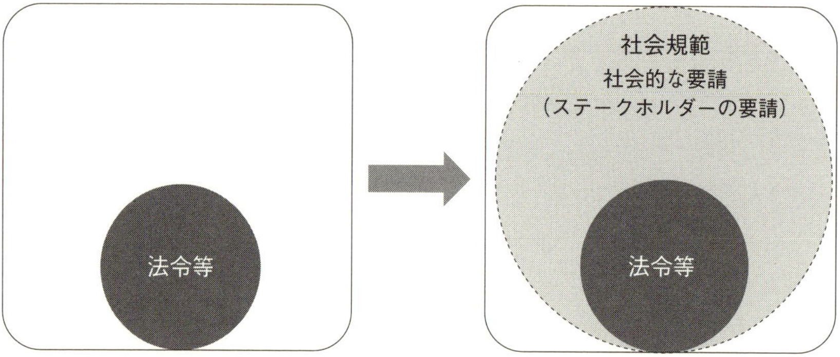

【これまで】
- 法令等への遵守の有無が検討の主眼
- 法令等に違反しなければ問題ないとの誤解が生じる可能性

【これから】
- 単なる規定の形式的遵守のみならず、社会規範や社会的な要請、ステークホルダーの要請に従った行動が重要
- 検討の主眼は、ステークホルダーの要請に反していないか

（注）　コンプライアンス・リスク管理基本方針を参考に筆者作成。

---

[7]　中村、前掲注6・10頁参照。

(3) コンプライアンス・リスク管理基本方針が適用される「金融機関」

　検査・監督基本方針と同様[8]、コンプライアンス・リスク管理基本方針も、その名宛人を特定の業種の金融機関に限定しておらず[9]、当局が検査・監督権限を有するすべての金融機関が対象となります。

　もっとも、個々の金融機関が講ずべきコンプライアンス・リスク管理態勢は、金融機関が実際に直面するリスクや、その背景にある事業環境・経営戦略、さらには金融機関の規模・特性等によっても異なるものとなります。金融機関としては、コンプライアンス・リスク管理基本方針の趣旨もふまえながら、直面するリスクを管理するのにふさわしい態勢を自ら考えて構築していく必要があります。上記のとおり、業態ごとの金融検査マニュアルは廃止されますが[10]、これまでに定着した実務が否定されるものではなく、金融機関としては、現状の実務を出発点に、よりよい実務に向けた創意工夫を進めていくことが必要となります（1頁参照）。金融機関としては、これまでの実務につき、社会の要請をふまえたものであるかあらためて分析し、必要に応じて見直し・廃止等を行いつつ、軽重をつけながら、さらなる態勢の高度化を図っていくことが重要となります。

　コンプライアンス・リスク管理基本方針において、金融庁は、今後実態把握を行い、これらの過程で得られた事例やプラクティス、そこから抽出される共通課題等を取りまとめ、金融機関へのフィードバックおよび公表を予定しているとされています（2頁）[11]。金融機関による態勢構築にあたっては、金融庁から公表される他の金融機関の事例やプラクティス、他の金融機関が

8　検査・監督基本方針2頁、川西＝吉田、第1章注10・58頁参照。
9　パブコメ18番参照。
10　金融検査マニュアルの廃止にあたっては、実務での誤解や戸惑い、混乱の生じないよう、準備期間を設けることとし、その廃止時期は、平成30年度終了後（2019年4月1日以降）をメドとされていますが（検査・監督基本方針33頁）、具体的な廃止日は執筆時点では明らかではありません。
11　パブコメ23番等も参照。

直面している課題等を参考とすることも有用と考えられます。

この節のポイント

- ✓ コンプライアンス・リスク管理基本方針は、利用者保護と市場の公正・透明に関する分野、そのなかでも特に、法令等遵守態勢や顧客保護等管理態勢として扱われてきた分野をその対象としています。
- ✓ もっとも、他のリスク・カテゴリーに分類されるリスクとコンプライアンス・リスクとが同時に顕在化する場合や、コンプライアンス・リスクに関する問題事象が他のリスクが顕在化する予兆である場合等、コンプライアンス・リスクと他のリスクが関連する場合にも、コンプライアンス・リスク管理基本方針の考え方が妥当します。
- ✓ コンプライアンス・リスク管理基本方針によれば、コンプライアンス・リスクとは、「法令や社会規範等からの逸脱により、①利用者保護、②市場の公正・透明、③金融機関自身の風評に悪影響が生ずるリスク」となり、このうち、金融機関の役職員の行動等に着目した概念がコンダクト・リスク、ということとなりそうです。
- ✓ コンダクト・リスクの定義をどのように解釈するにせよ、金融機関としては、コンダクト・リスクが顕在化しつつある事象の根本原因分析及びこれらの除去・改善等を通じて、コンダクト・リスクの顕在化の「芽」を早い段階で摘み取る態勢を整備していくことが重要と考えられます。
- ✓ 金融機関が対応していくべき領域は、法令等の遵守にとどまらず、内外の要因により絶えず変動しうる「社会規範」「社会的な要請」等に広がっており、金融機関としては、こうした「社会規範」「社会的な要請」を適時適切に把握し、これに対する低減措置を的確に講じていくリスクベースでの対応が重要となります。
- ✓ 金融機関のコンプライアンス・リスク管理においては、株主、顧客・取引先、従業員や地域社会等、多くの利害関係者（ステークホルダー）の要請を的確に把握し、その信頼を損なわないようにすることが重要となります。

- ✓ コンプライアンス・リスク管理基本方針は、当局が検査・監督権限を有するすべての金融機関が対象となります。
- ✓ 個々の金融機関が講ずべきコンプライアンス・リスク管理態勢は、金融機関が実際に直面するリスクや、事業環境・経営戦略、金融機関の規模・特性等によっても異なるものとなるため、当局が公表する事例・プラクティスやフィードバック等も参考としながら、直面するリスクを管理するのにふさわしい態勢を自ら考えて構築していく必要があります。

第 2 節

コンプライアンス・リスク管理高度化の必要性
―実質・未来・全体志向
　のコンプライアンス・リスク管理へ

　コンプライアンス・リスク管理基本方針は、金融機関の管理態勢を論ずる前提として、金融機関のコンプライアンス・リスク管理として従来行われてきた取組みや、新たに生じている問題点につき説明しています。

　第 1 章第 4 節で述べたとおり、検査・監督基本方針において、金融行政は「形式・過去・部分」への集中から「実質・未来・全体」へ視野を広げていくことが重要とされていますが[12]、これに呼応して、コンプライアンス・リスク管理を含む金融機関の管理態勢全般についても、「実質・未来・全体」志向へと視野を拡大していくことが重要となります。

　コンプライアンス・リスク管理基本方針は、まず、以下のとおり、これまでの金融機関のコンプライアンス・リスク管理につき「形式・過去・部分」の傾向がみられた点につき言及しています（2 頁）。

① 　過度に詳細かつ厳格な社内規程の蓄積、形式的な法令違反の有無の確認、表面的な再発防止策の策定等の形式的な対応が何重にも積み重なり、いわゆる「コンプラ疲れ」が生じている（「形式への集中」）
② 　発生した個別問題に対する事後的な対応に偏重している（「過去への集中」）
③ 　コンプライアンスの問題をビジネスモデル・経営戦略とは別の問題として位置づけ、コンプライアンスの対象を狭くとらえ（「コンプライアンスのためのコンプライアンス」）、さらに、経営陣および事業部門の役職員が、コンプライアンス・リスク管理を担う責任は自分自身にあるという主体的な意識をもたず、コンプライアンス部門・リスク管理部門等の管理部門中

12　検査・監督基本方針 7、8 頁。

心のサイロ的・部分的な対応になっている(「部分への集中」)

もっとも、こうした金融機関の傾向は、金融当局のモニタリングの姿勢等に起因した面もあることは否定できません。この点につき、コンプライアンス・リスク管理基本方針は、「法令違反の有無を「形式」的に確認したり、

図表2-3 「形式・過去・部分」への集中から、「実質・未来・全体」に視野を拡大したコンプライアンス・リスク管理へ

		金融機関		視野の拡大		
金融機関	**形式** ―形式的な法令違反のチェックに終始、表面的な再発防止策の策定等、ルールベースでの対応の積み重なり(「コンプラ疲れ」) **過去** ―発生した個別問題に対する事後的な対応 **部分** ―経営の問題と切り離された、管理部門中心の局所的・部分的な対応		→	**実質** ―金融機関の規模・特性に応じたリスクベースでのメリハリのある管理態勢を構築 **未来** ―潜在的な問題を前広に察知し、その顕在化を未然に防止 **全体** ―経営陣において、ビジネスモデル・経営戦略・企業文化とコンプライアンスは表裏一体であるとの認識のもと、経営目線での内部管理態勢を主導 ―「世間の常識」とずれないために、外部有識者等の視点を活用するガバナンス態勢を構築		
金融庁	―金融庁の重箱の隅をつつくような検査が上記を助長			―ルールベースではなく、経営の問題としての取組みを評価することを目的とした金融機関の経営陣との対話 ―重要な問題に焦点を当てた、リスクベースのモニタリング ―金融機関の規模・特性に応じ、負担に配慮		

(注) 検査・監督基本方針8頁、「コンプライアンス・リスク管理に関する検査・監督の考え方と進め方(コンプライアンス・リスク管理基本方針)のポイント」(https://www.fsa.go.jp/news/30/dp/compliance_revised_abstract.pdf)を参考に筆者作成。

また、個別事案の「部分」的な事項の「事後」検証に焦点を当てた従来の検査姿勢が、金融機関の上記対応を助長し、むしろ内部管理の合理性・効率性の追求を阻害している面もあった」としています（2頁）。

コンプライアンス・リスク管理基本方針は、コンプライアンス・リスク管理高度化の背景として、フィンテック等、金融機関をめぐる経営環境の変化に伴って、新たな金融商品・サービスや新しい取引手法・取引形態からリスクが発生する可能性に言及しています（3頁）。また、金融機関の活動の国際化に伴い、活動を行う国・地域の文化、風土、市場慣行、社会常識等をふまえたリスク管理のあり方を検討する必要性も増しているとされています（3頁）。こうした新たなリスクに対しては、既存の法令への抵触に対する事後的な対応のみでは十分でなく[13]、潜在的な問題を前広に察知し、「未来志向」でコンプライアンス・リスクを把握していく必要があります[14]。

また、コンプライアンス・リスク管理基本方針は、近時問題となっている複数の金融機関の不祥事を念頭に置きつつ、既存の法令には直ちに抵触しないが、利用者保護や市場の公正・透明、社会的な要請に照らし不適切であり社会的批判を受ける等、金融機関の経営に重大な影響をもたらし、その信頼を大きく毀損するような事例が発生している点をあげています（3頁）。このことは、問題事象が顕在化する以前の平時には個別の形式的な法令違反のチェックのみを行い、問題事象が顕在化した有事には法令違反該当性のみを検討する[15]といった形式的な対応では足りず、より広範な金融機関に対する社会的要請等をふまえた「実質志向」のコンプライアンス・リスク管理を行

---

13 なお、現在、ITの進展や利用者ニーズを起点としたアンバンドリング（金融サービスを個別の機能に分解して提供）・リバンドリング（複数の金融・非金融のサービスを組み合わせて提供）の動きなどをふまえ、金融審議会「金融制度スタディ・グループ」において機能別・横断的な金融規制体系が検討されています。金融機関としては、こうした当局での最新の議論の動向にも注意を払う必要があります。

14 金融機関においては、監督指針に基づく外部委託先管理が実務として定着していると思われます。もっとも、フィンテック企業との協業等の際には、従前の業務委託契約に基づく「垂直型」の外部委託先管理の手法が必ずしもなじまないことも考えられます（能勢幸嗣「FinTechに戸惑うリスク管理」金融ITフォーカス2017年7月号8頁、http://fis.nri.co.jp/~/media/Files/publication/kinyu-itf/2017/07/itf_201707_4.pdf参照）。この点については、第3章でも言及します。

うことの重要性を示しています。

　さらに、コンプライアンス・リスク管理基本方針は、近時発生している不祥事の多くにおいて、その原因として、経営陣の姿勢、ビジネスモデル・経営戦略、企業文化等、経営の根幹そのものにかかわる問題が関係している旨にも言及しています（3頁）。原因分析や再発防止策の検討等、問題事象への対応をコンプライアンス部門等の管理部門による部分的な対応に委ねるのみでは十分でなく、ビジネスモデル・経営戦略等をふまえた経営上の問題として、「全体志向」のコンプライアンス・リスク管理を目指していくことが必要となります。

15　一部の事案では、業法上の「不祥事件」（例として、銀行法施行規則35条8項）のみを金融機関の不祥事ととらえ、「不祥事件」該当性の検討を形式的に行っているケースもみられるところですが、このような対応では金融機関が管理すべきコンプライアンス・リスクの範囲としては狭きに失すると考えられます。この点については、第4章でも述べます。

この節のポイント

- ✓ コンプライアンス・リスク管理においても、「形式・過去・部分」から「実質・未来・全体」志向へと視野を拡大していくことが重要となります。
- ✓ 金融当局の検査姿勢も相まって、金融機関による「形式・過去・部分」への集中は、いわゆる「コンプラ疲れ」や「コンプライアンスのためのコンプライアンス」といった弊害を生みました。
- ✓ フィンテック・海外展開等に伴って生ずる新たなリスクに対しては、既存の法令への抵触に対する事後的な対応のみでは十分でなく、潜在的な問題を前広に察知し、「未来志向」でコンプライアンス・リスクを把握していく必要があります。
- ✓ 既存の法令には直ちに抵触しないが、利用者保護や市場の公正・透明、社会的な要請に照らし不適切であり社会的批判を受ける等、金融機関の経営に重大な影響をもたらし、その信頼を大きく毀損するような事例が発生しています。形式的な法令等遵守の対応では足りず、より広範な金融機関に対する社会的要請等をふまえた「実質志向」のコンプライアンス・リスク管理を行うことが重要となります。
- ✓ 原因分析や再発防止策の検討等、問題事象への対応をコンプライアンス部門等の管理部門による部分的な対応に委ねるのみでは十分でなく、ビジネスモデル・経営戦略等をふまえた経営上の問題として、「全体志向」のコンプライアンス・リスク管理を目指していく必要があります。

第 3 節

金融機関における管理態勢
―― 経営・ガバナンスに関する着眼点

　これまでも述べてきたように、コンプライアンス・リスクは、金融機関が採用するビジネスモデル・経営戦略等の内部要因や、社会の目線の高まりや金融機関を取り巻く経営環境等の外部要因によって変動します。リスクが顕在化した場合の企業価値の毀損等もあわせ鑑みると、コンプライアンス・リスク管理は、ビジネスと不可分一体の課題であり、経営の根幹をなすものといえます。しかしながら、コンプライアンス・リスク管理基本方針では、金融機関の経営陣において、そのような発想が十分ではなく、次のような傾向がみられたと指摘されています（3頁参照）。

> ①　経営陣において、コンプライアンス・リスク管理は検査マニュアルのチェックリストに基づく態勢を形式的に整備するものという発想で捉えられがちであり、ビジネスモデル・経営戦略と密接不可分であると捉え、経営陣自ら率先して対応すべきものという視点が弱い。

　この点は、「形式・過去・部分」のうちの「形式への集中」の問題を指摘しているものと理解できます。このような弊害は、「コンプライアンス＝法令等遵守」であり、リスク管理とは異なるルールベースの枠組みで管理されてきたことも背景にあるものと思われます。

> ②　発生した問題事象の再発防止について、社内手続等を加重するといった形式的対応にとどまりがちで、問題事象の根本原因（経営陣の姿勢、ビジネスモデル・経営戦略、企業文化等）まで遡り、原因を同じ

> くする問題が形を変えて再発することを防ぐという視点が弱い。

　形式的対応という点において「形式への集中」を指摘しているほか、発生した問題事象に対する事後的対応に終始し、同種事案の再発防止の視点が弱い点を指摘している点において、「過去への集中」の問題を指摘しているとも理解できます。第2章第4節、第4章第3節で後述するとおり、近時の不祥事案件においては、過去に同種の「ヒヤリ・ハット」事案が発生していたにもかかわらず、営業現場の問題にすぎず、事務不備や軽微な手続違背等として手続を加重するといった形式的な対応に終始し（「モグラたたき」的対応）、その背後にあるより大きな原因の分析・除去に至っていない点が指摘されています。いかなる事案が将来のより重大な事案の「芽」となるものであるかを事前に察知・対処していくかは非常にむずかしい問題ですが、この点は第2章第4節の「リスクベース・アプローチ」のところで若干触れたいと思います。

> ③　事業部門が、コンプライアンス・リスク管理を、手続等を所管する管理部門の問題であるとサイロ的に捉えており、自らリスク管理をすべきという主体的・自律的な意識を持っていない。

　この点は、「形式・過去・部分」のうちの「部分への集中」の問題を指摘しているものと理解できます。(2)で後述するとおり、リスク管理においては、事業部門＝第1線、管理部門＝第2線、監査部門＝第3線と整理する、いわゆる「3線管理」による管理の枠組みが採用されることが多く、近時は「リスク・オーナー」としての事業部門＝第1線の役割が強調される傾向にあります。金融機関においても、コンプライアンスは本部のみの問題と理解するのではなく、事業部門において自らの問題として主体的・自律的に管理し、これを第2線や第3線が牽制・モニタリングしていく態勢を整備することが重要となっています。

　コンプライアンス・リスク管理基本方針は、金融機関によるコンプライア

ンス・リスク管理の向上のために重要な着眼点につき、(i)経営・ガバナンス、(ii)リスクベースの発想への視野拡大の2つに大別し、(i)経営・ガバナンスに関する着眼点についてはさらに、①【経営の根幹をなすものであることに関する着眼点】、②【リスク管理の枠組みに関する着眼点】、③【人材や情報通信技術等のインフラに関する着眼点】、に細分化しています。

以下では、これらの分類のもとで記載されている事項のうち、金融機関の管理態勢にとって重要と思われる点を中心に、項目を整理しながら論じていきます[16]。

(1) 企業文化・ガバナンス

a 企業文化

コンプライアンス・リスク管理基本方針は、企業文化につき、「金融機関の役職員が共有する基本的な価値観・理念や行動規範」と定義しています（5頁）。

近時の金融機関の不祥事においては、企業文化がその根本原因として指摘されることが多くみられるようになっています。企業文化は、コンプライアンス・リスク管理に関する経営陣や中間管理者の姿勢および内部統制の仕組み全体に通じる「いわば屋台骨をなすもの」（6頁）であり、上記の企業文化の定義や、企業文化に問題があることが不祥事の根本原因となっている実際の事例等もあわせ鑑みれば、健全な企業文化の醸成が、不祥事発生防止にとって最も重要な要素の一つということができます。

コンプライアンス・リスク管理基本方針は、企業文化の問題は業績好調時にも潜在しており、業績悪化を機に表面化する場合もあるとしつつ、企業文

---

16 コンプライアンス・リスク管理基本方針では、【経営の根幹をなすものであることに関する着眼点】につき、さらに(1)経営陣の姿勢・主導的役割、(2)内部統制の仕組み、(3)企業文化、(4)外に開かれたガバナンス態勢、と整理し、「(2)内部統制の仕組み」のなかで、①中間管理者の姿勢、②人事・報酬制度、③内部通報制度につき言及しています。これに対し、上記(1)(3)(4)のみならず、リスク管理の枠組みとしての3線管理や、リスクベース・アプローチに基づくリスク評価も内部統制に含まれると整理する方法も考えられます。なお、内部統制に関する一つの一般的な枠組みとしてのCOSOフレームワークについては、第4章で言及します。

化の重要性に関し、「経営陣は、経営方針を踏まえた、あるべき価値観・理念や企業文化を明確にし、その醸成に努めることが重要」としています（6頁）。もっとも、具体的にいかにして健全な企業文化を醸成していくかは金融機関にとっては一つの課題と思われます。内部統制の構成要素としての「統制環境」の構築の手法が一つの参考となると考えられますが、この点については第4章で触れます。

b　経営陣の姿勢・主導的役割

それでは、具体的にはいかなる要素が企業文化をかたちづくり、企業文化の形成に影響を与えるのでしょうか。

一つには、「コンプライアンス・リスク管理は、まさに経営の根幹をなすものである」との認識に基づいた経営陣の姿勢・主導的役割があげられます（4頁）。コンプライアンス・リスク管理基本方針も、経営陣の姿勢（「tone at the top」）[17]につき、「実効的なコンプライアンス・リスク管理の根幹として重要な企業文化にも大きな影響を与える」としています（5頁）。経営陣は、コンプライアンス・リスクが金融機関のビジネスモデル・経営戦略に内在するものであるとの認識のもと、ビジネスモデル・経営戦略から生じうるリスクにつき、十分な想像力をめぐらせ、前広に検討していくことが重要となります[18]（4頁）。

また、健全な企業文化の醸成にあたっては、中間管理者が経営陣の姿勢を

---

[17] 多くの金融機関では、代表取締役名でコンプライアンスに関するメッセージを定期的に全役職員に発信するといった取組みが行われていると思われます。こうした取組みも健全な企業文化醸成の一助となると考えられる一方、重要なのは実質的にもコンプライアンス・リスク管理を経営の根幹として取り扱う姿勢であり、管理部門等が起案したメッセージを形式的に代表取締役名で発信するだけにとどまることのないよう、留意が必要となります。

　そのほか、経営陣によるコミットメントを示す方法として、企業行動規範を策定・公表するといった方法も考えられますが、この点は第4章第3節で触れます。

[18] コンプライアンス・リスク管理基本方針では、コンプライアンス・リスクがビジネスモデル・経営戦略に内在する具体例として、①短期収益重視のメッセージを過度に発する等、事業部門の役職員に無理な収益プレッシャーを与えてしまう結果、役職員が不適切な判断や行動を行い、問題事象が生ずる可能性、②収益を拡大している業務・部門において、事業の拡大・変化に内部管理態勢が追いつかず問題事象が生じている可能性、につき言及しています。

自らの部署等の業務にあわせて具体的に理解し、日々の業務のなかで体現することを通じて浸透させることも重要となります（「tone in the middle」）（5頁）。

経営陣としては、経営陣の姿勢が自らのメッセージや中間管理者等を通じて浸透し、健全な企業文化が醸成されているか否かにつき、問題事象や苦情、内部通報等の定性情報を用いて深度ある分析を行うほか、社内規程違反の件数・発生頻度や、苦情・訴訟・ADRの件数等の定量情報[19]を用いて前広な分析を行うことも重要となります。

  c 人事・報酬制度とその運用

企業文化をかたちづくるもう一つの要素としては、人事・報酬制度があげられます。すなわち、人事・報酬制度は、個々の役職員へのインセンティブとして作用し、そのあり方は、役職員の行動に大きく影響を及ぼすといえます（5頁）。営業成績や地位・役職等によっても報酬が大きく増減しない報酬制度を採用している金融機関においては、報酬の増減以上に、人事異動（昇格）や、人事・報酬制度とは直接連動しない表彰制度による社内での地位・影響力の増大が役職員の大きなインセンティブとなることも考えられます[20]。

いかに経営陣がコンプライアンスを重視する姿勢を強調する経営理念やメッセージを発信しても、これらを体現する役職員の行動を規律する人事・報酬制度や実際の運用が経営理念・メッセージと矛盾していれば、コンプライアンスを軽視する不健全な企業文化の温床となり、他の役職員の行動にも波及するという悪循環に陥り、結果として経営理念やメッセージが形骸化する事態にも陥りかねません。

金融機関としては、人事・報酬制度およびその運用につき、単に労働法制

---

19 パブコメ27～29番参照。
20 報酬の増減がインセンティブとならない場合においては、昇格や表彰によって他の役職員と差別化し、承認されたいとのインセンティブが働きやすくなることも考えられます。また、わが国の金融機関においては、人材の流動性がそれほど高いとはいえないのが一般的であり、これが自社への帰属を過度に意識し、自社のために不正を実施し、また不正を正当化させる一因となることも考えられます。

の遵守等の観点[21]から形式的に確認するのではなく、経営理念やメッセージと整合的なものとなっているか、不正や問題事象につながる可能性がないか[22]等、絶えず検証していくことが重要となります。

　なお、測定・評価がむずかしい企業文化を検証する具体的な要素の一つとして人事・報酬制度の検証を行うことは有用と考えられますが、実際の検証にあたっては、制度のみならずその実際の運用も含めて検証することが重要となります。人事・報酬制度自体が営業上の数字を偏重している場合ばかりでなく、制度上は営業成績のみならずコンプライアンスや顧客本位もバランスよく考慮する建前となっていても、実態としては中間管理者等の評価者に広範な裁量があり営業偏重の人事評価が横行している結果、人事・報酬制度が実質的には無効化され、これが不健全な企業文化の醸成や不正・問題事象の背景となっている場合もありえますので、留意が必要となります。

　d　内部通報制度の機能確保

　コンプライアンス・リスク管理基本方針は、問題事象を感知した者による内部通報制度自体は整備されているものの、実際には問題発見のために活用されていない点に言及しつつ、内部通報制度の機能発揮のためにも経営陣や中間管理者が示す姿勢が重要と指摘しています[23]（5頁）。

　内部通報制度については、これまで監督指針や金融検査マニュアル等で明示的には規定されてこなかったものの、2006年に施行された公益通報者保護法の対応として、基本的には業態を問わずほとんどすべての金融機関におい

21　長時間労働やパワーハラスメントが不正・問題事象の動機となる場合のほか、近時は形式的な「働き方改革」のかけ声のもとに強制的に業務時間が削減され、これが顧客とのコミュニケーション不足等を招き、ひいては苦情や問題事象の遠因となる場合もあるようです。
22　この点に関連し、コンプライアンス・リスク管理基本方針は、営業成績に重きを置く一方、法令等の遵守を軽視した人事・報酬制度が構築されると、多少の不正を伴ったとしても営業成績を向上させればよいという不適切な動機の形成や機会の提供につながる事態を例としてあげています（5頁、パブコメ32番）。このような場合、不適切な動機の形成や機会の提供のみならず、営業偏重の経営陣の姿勢や人事・報酬制度が、営業成績向上には不正を行ってもよいと自らの行為を正当化する可能性にもつながり、よりいっそう不正や問題事象が蔓延しかねない点にも留意が必要となります。

て内部通報に係るなんらかの制度を設けているものと思われます。もっとも、実際の内部通報の活用状況は金融機関によって異なり、制度はあるがかつて1件も通報された事実はないといったケースもみられます[24]。役職員が内部通報を通じて社内の不正や不祥事等につき申告することを担保するには、これを可能とする環境整備や制度・運用上の工夫等を十分に施すことが必要と考えられます[25]。

　環境整備のためには、通常のレポーティング・ラインでは把握できない不正や不祥事を早期に摘み取るという内部通報制度の本来の意義・趣旨等や、内部通報を行っても不利益を被らないこと、匿名性が担保されること等を役職員に周知・徹底することが重要と考えられます。

　また、内部通報制度の設置や制度の周知・徹底を行ったからといって、直ちに運用の実効性が向上するわけではありません。そもそも役職員による通報を阻害する制度・運用となっており、この結果として内部通報制度を通して報告されるべき不正や不祥事の「芽」が「目詰まり」を起こしている場合も考えられます。このような場合、早期に制度・運用上の工夫を施して「目詰まり」を除去していくことが重要となります。

　たとえば、通報者の匿名性を担保すべく[26]、社内窓口のみならず社外窓口を制度上設けている金融機関も多いものと思われます[27]。ここで、内部通報

---

[23] 内部通報制度に関しては、「公益通報者保護法を踏まえた内部通報制度の整備・運用に関する民間事業者向けガイドライン」（2016年12月9日消費者庁、以下「消費者庁ガイドライン」といいます）をふまえ、内部通報制度を適切に整備・運用している事業者に対して第三者機関が審査・認証する第三者認証制度の導入が予定されています（http://www.caa.go.jp/policies/policy/consumer_system/whisleblower_protection_system/research/study/review_meeting_001/）。
　なお、2018年12月、第三者機関として公益社団法人商事法務研究会が指定されました（https://www.shojihomu.or.jp/wcms）。
[24] 内部通報の実効性を検証する手法として、通報件数を事例別・部門別・年度別等で定量的に分析する方法も考えられます。これも一つの有用な方法と考えられる一方、内部通報制度が機能不全を起こしているために件数が少ない可能性も考えられるため、件数が少ないからといってコンプライアンス・リスク管理が十分になされていると安易に結論づけることのないよう、留意が必要となります。
[25] 人材の流動性がそれほど高いとはいえない場合、そのことが内部通報の結果として想定される社内での不利益を回避する動機づけとなりうる点には留意が必要であり、この点を意識した制度・運用上の工夫を施すことが重要と考えられます。

制度の社外窓口としては、法律事務所のほか、内部通報窓口を業務として行っている専門業者も考えられます。専門業者は、法律事務所と比べて相談・通報がしやすい印象があるといったメリットがある一方、専門的な回答が得られるか、といった課題もあるといわれています[26]。両者の性格や経営資源等も考慮しながら、社内・社外に適切な窓口を設置することが重要と考えられます[29]。もっとも、通報先自体として社外窓口を用意している場合であっても、結果として受付窓口となっているにすぎず、実態としては外部業者が受領した情報をすべて人事部門やコンプライアンス部門にそのまま伝達するのみで、役職員に「結局内部通報に係る情報はすべて筒抜けになっている」との印象を抱かせてしまい内部通報を躊躇させることのないよう、その実際の運用にも配慮する必要があります。このほか、経営陣から独立した窓口の設置の方法として、社外役員を通報の窓口とする方法も考えられま

---

[26] そもそも、匿名による通報を認めるか否かも一つの論点となります。匿名による通報を認めることで、誹謗中傷や根拠のない通報が増大し、これに対する手間やコストを考慮する必要があると思われる一方、匿名での通報を認めることで広く通報を促進し不正や不祥事の「芽」を早い段階で捕捉する効果が期待できるため、内部通報の件数が少ないと考える金融機関においては、匿名による通報を可能とすることも一つの方法として考えられます。

　ただし、匿名である旨を運用面でも担保するためには、本文中で述べた社外窓口への通報の社内への「筒抜け」状態を回避する方法のほか、社内のメールアカウント以外のプライベートアドレスからの通報も可能とする、匿名の通報の場合には電話や手紙等、メール以外の通報を慫慂する等の工夫も必要となります。

[27] 消費者庁「平成28年度民間事業者における内部通報制度の実態調査報告書」(http://www.caa.go.jp/policies/policy/consumer_system/whisleblower_protection_system/research/investigation/pdf/chosa_kenkyu_chosa_170104_0002.pdf) 28頁によれば、民間事業者のうち、60％が社内外のいずれにも内部通報窓口を設置しているとされています。

[28] 阿部・井窪・片山法律事務所編『法務リスク・コンプライアンスリスク管理実務マニュアル―基礎から緊急対応までの実務と書式―』（民事法研究会、2015年）131頁参照。

[29] 社内のレポーティング・ラインによっては適切に吸い上げることのできない情報を吸い上げるという内部通報の目的を達成するためには、複数の窓口を設置し、これらを有効かつ適切に組み合わせることが重要であり、社外窓口として法律事務所および専門業者の双方を用意している金融機関もみられます。

　なお、消費者庁、前掲注27によれば、社外通報窓口の設置場所（複数回答）としては、「法律事務所（顧問弁護士）に委託している」が49.2％で最も高く、「親会社や関連会社に設置している」(22.7％)、「法律事務所（顧問でない弁護士）に委託している」(21.6％)、「通報受付の専門会社に委託している」(14.9％) の順となっています。

第2章　コンプライアンス・リスク管理基本方針　45

す[30]。この場合も、単に通報を受け取るのみで、その後の調査・是正措置の検討等はすべて社内で行うような運用となることのないよう、留意が必要となります。

　内部通報の制度上・運用上の工夫を通じて実効性を向上する方法としては、匿名による通報や社外窓口への通報を可能とする方法のほかにも、通報事項を公益通報者保護法に定める特定の法令違反行為に限定せず法令・内部規程違反行為を幅広く対象とする、正社員以外のパート・派遣労働者や役員も対象とする、といった方法が考えられます。なお、グループ会社においてグループ内の通報を一括して受け付けるかという論点もありますが、この点については第3章第1節で後述します。

　このほか、内部通報を行ったことが人事評価において不利に扱われない[31]旨、内部通報に基づく調査やこれを受けた是正の結果が通報者にフィードバックされる旨[32]等が、制度面のみならず実際の運用面においても担保されていることが重要となります。

　e　社外役員による牽制——外に開かれたガバナンス態勢

　経営陣自身が、企業文化や、これに影響を与える経営陣の姿勢、人事・報酬制度を客観的に検証することは必ずしも容易ではないし、社内の役職員が主体となる内部通報制度によってこれらへの牽制を行うことにも一定の限界があります[33]。この点に関し、コンプライアンス・リスク管理基本方針は、いつの間にか「社内の常識」と「世間の常識」が乖離することもあると述べ

30　コーポレートガバナンス・コード【原則2－5】参照。
31　通報者が不正や不祥事の関係者である場合にまで通報者を保護する必要はないと一般的には考えられているものの（中村、前掲注6・211頁参照）、通報を促進すべく自己申告者には一定の範囲内で不利益を課さないことも考えられます（独占禁止法上のリニエンシー制度に類似）。
32　「内部通報しても何も変わらない」と役職員に思わせないためにも、調査・是正の結果を通報者に適切にフィードバックすることは重要と考えられます。通報者に調査結果や是正措置に係る通知をするよう努めることの必要性については、消費者庁ガイドライン、前掲注23・7頁にも記載されています。
33　社内出身者が職員や経営陣の大半を占める組織においては、その「同質性」が問題事象を問題事象として認識しない原因となることもあり、「同質性」が強いほど経営陣による企業文化・ガバナンスへの自制や職員による内部通報制度の活用が困難となる可能性も考えられます。

図表2－4　企業文化・ガバナンス

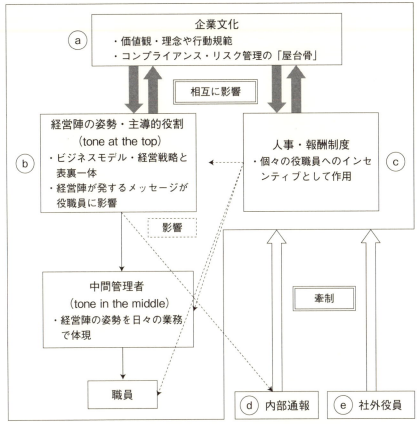

（注）コンプライアンス・リスク管理基本方針4～6頁を参考に筆者作成。

たうえ、第三者的立場にある社外取締役等による実効的な監督・牽制等の重要性について指摘しています（6頁）。

　特に、これまで述べてきたような内部統制上の枠組みは、経営陣によって無効化され、不正や不祥事防止に機能しないリスクも考えられますので、この点においても社外役員による牽制が重要となります。コンプライアンス・リスク管理基本方針も、この点に関し、「現実には、経営トップを含む経営陣や中間管理者自身が、あるべき姿勢を示すどころか、自ら不正の当事者となっている事案も少なくない」としつつ、「経営陣自身の不正の防止・是正

に関しても、第三者的立場にある社外取締役等による実効的な監督・牽制等の重要性が認識されている」とされています（6頁）。企業文化やこれを形成する経営陣の姿勢・主導的役割が不正や不祥事の根本原因としてあげられる事案においては、経営陣がなんらかのかたちで内部統制の無効化・弱体化に関与しているとも評価できるため、このような根本原因の除去には社外役員による「世間の常識」の反映は必須ともいえます。

社外役員による牽制の実効性確保のためには、不正や問題事象に係る情報が迅速かつ適切に社外役員に伝達される制度・運用が担保されていることが重要となります[34]。不正や問題事象につき、社内役員のみが参加する経営会議等で「問題なし」と整理して終了する、あるいはその結果のみを簡単に取締役会等で報告して社外役員も関与したこととするといった形式的な運用とならないよう、留意する必要があります。

f　コーポレートガバナンスとコンプライアンス・リスク管理

ところで、上記のような内部通報や社外役員の機能発揮等は、コーポレートガバナンス・コード[35]の記載とも一部重複してきます。

コーポレートガバナンスと内部統制とは、前者が株主その他のステークホルダーによる経営陣への監視の手法である一方、後者が経営陣による企業内の組織・構成員に対する統制の手法である点において相違が認められます。一方、具体的な構成要素においては一部重複がみられるだけでなく、コーポレートガバナンスは経営陣による内部統制無効化リスクに対する牽制としての役割が認められること、ステークホルダーの期待や要請を意識する必要がある点においてコンプライアンス・リスク管理と共通の性質を有すること等

---

[34] 近時の金融機関の不祥事では、不正や問題事象の前提となる事実が社外役員に迅速かつ適切に伝達されず、その対応に関する議論にも社外役員が参加しておらず、社外役員の意見や視点が反映されていない点も問題とされています。
　なお、社外役員が経営陣に対して実効的な牽制機能を発揮するには、経営陣に対して独立した立場から客観的かつ積極的な意見を述べることのできる者が選任されることが重要といえます。その意味で、社外役員の選任過程の公平性・透明性の確保も重要と考えられます。

[35] 株式会社東京証券取引所「コーポレートガバナンス・コード～会社の持続的な成長と中期企業価値向上のために～」（2018年6月1日、https://www.jpx.co.jp/news/1020/nlsgeu000000xbfx-att/20180601.pdf）。

図表2−5　コーポレートガバナンスと内部統制

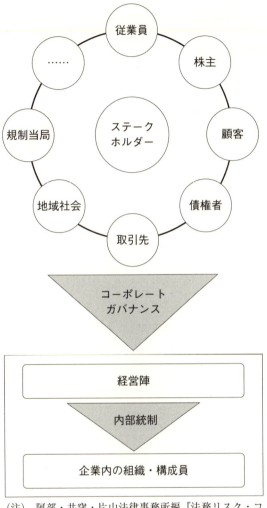

(注)　阿部・井窪・片山法律事務所編『法務リスク・コンプライアンスリスク管理実務マニュアル─基礎から緊急対応までの実務と書式─』(民事法研究会、2015年) 67頁を参考に筆者作成。

に鑑みれば、強固なコーポレートガバナンスはコンプライアンス・リスク管理にとっても重要な意義をもつということができます。

上場している金融機関においてはコーポレートガバナンス・コード対応として既に一定の対応を講じているものと思われますが、単にコーポレートガバナンス・コード上の各原則の文言を形式的に遵守していくのではなく、ここでも「実質志向」で実効的なコーポレートガバナンス（「仏に魂を入れた」コーポレートガバナンス）を構築し、これをコンプライアンス・リスク管理にも活用していくことが重要といえます。また、コーポレートガバナンス・コードの名宛人は上場会社となっていますが、監督指針や金融検査マニュアルで経営管理態勢の構築が求められ、業務の公共性に基づくステークホルダーからの高次の要請に応えてその信頼を確保していく必要のある金融機関においては、上場か否かにかかわらずコーポレートガバナンス・コードを参照して強固なガバナンスを構築していくことが重要と考えられます。

　なお、コンプライアンスに関する取締役会の役割については、コーポレートガバナンス・コードにおいても【補充原則4－3④】として明示されており、コンプライアンス・内部統制・リスク管理体制の整備につき、取締役会はその体制の構築および運用の有効性の監督の職責を担うこと、個別の業務執行に係るコンプライアンス審査に終始すべきでない点が記載されています。こうした記載は、基本的にはこれまでのコーポレートガバナンスと内部統制の関係の整理や、「形式への集中」の問題点を指摘するコンプライアンス・リスク管理基本方針等と整合的なものとなっています[36]。

【補充原則4－3④】

　コンプライアンスや財務報告に係る内部統制や先を見越したリスク管理体制の整備は、適切なリスクテイクの裏付けとなり得るものであるが、取締役会は、これらの体制の適切な構築や、その運用が有効に行われているか否かの監督に重点を置くべきであり、個別の業務執行に係る

---

[36] ただし、【補充原則4－3④】は、①コンプライアンス、②内部統制、③リスク管理体制として、①コンプライアンスを、②内部統制や③リスク管理体制と並列の異なるものとして掲げており、コンプライアンスをリスク管理の一環としてとらえているわけでは必ずしもないように思われます。

コンプライアンスの審査に終始すべきではない。

　本書では、コーポレートガバナンス・コードについての詳細な説明は割愛しますが、以下では、コンプライアンス・リスク管理基本方針で触れられている内部通報制度や社外役員による牽制に関係のある点を中心に説明していきます（2018年6月改訂部分には、下線を付しています）。
　たとえば、内部通報に関しては、【株主以外のステークホルダーとの適切な協働】について定めた原則2のなかで、次のように規定されています。

> 【原則2－5　内部通報】
> 　上場会社は、その従業員等が、不利益を被る危険を懸念することなく、違法または不適切な行為・情報開示に関する情報や真摯な疑念を伝えることができるよう、また、伝えられた情報や疑念が客観的に検証され適切に活用されるよう、内部通報に係る適切な体制整備を行うべきである。取締役会は、こうした体制整備を実現する責務を負うとともに、その運用状況を監督すべきである。

> 【補充原則2－5①】
> 　上場会社は、内部通報に係る体制整備の一環として、経営陣から独立した窓口の設置（例えば、社外取締役と監査役による合議体を窓口とする等）を行うべきであり、また、情報提供者の秘匿と不利益取扱の禁止に関する規律を整備すべきである。

　内部通報に関するコーポレートガバナンス・コード上の記載は、2018年6月の改訂によっても変わっていません。もっとも、改訂に際して公表されたパブリック・コメントに対する回答では、「原則2－5が求める「内部通報に係る適切な体制整備」に当たっては、それぞれの上場会社の判断により、政府の指針である「公益通報者保護法を踏まえた内部通報制度の整備・運用

に関する民間事業者向けガイドライン」（消費者庁2016年12月9日）を踏まえることが考えられます」とされています[37]。金融機関としては、内部通報制度の実効性向上という観点のみならず、コーポレートガバナンス・コード対応という側面からも、消費者庁ガイドラインに基づく対応を講じていくことが重要といえます。

> 【原則4－7　独立社外取締役の役割・責務】
> 　上場会社は、独立社外取締役には、特に以下の役割・責務を果たすことが規定されることに留意しつつ、その有効な活用を図るべきである。
> (ⅰ)　経営の方針や経営改善について、自らの知見に基づき、会社の持続的な成長を促し中長期的な企業価値の向上を図る、との観点からの助言を行うこと
> (ⅱ)　経営陣幹部の選解任その他の取締役会の重要な意思決定を通じ、経営の監督を行うこと
> (ⅲ)　会社と経営陣・支配株主等との間の利益相反を監督すること
> (ⅳ)　経営陣・支配株主から独立した立場で、少数株主をはじめとするステークホルダーの意見を取締役会に適切に反映させること

【原則4－7】は、独立社外取締役の役割・責務として、①経営の方針や経営改善について、自らの知見に基づく助言、②経営の監督、③利益相反の監督、④ステークホルダーの意見の取締役会への適切な反映、を掲げています。上記のとおり、ステークホルダーの要請の把握やその信頼の確保がコンプライアンス・リスク管理の要諦であることからすると、社外取締役によるステークホルダーの意見の反映は、コンプライアンス・リスク管理の側面においても重要な役割を有するということができます。その意見を取締役会に

---

[37] 株式会社東京証券取引所「「フォローアップ会議の提言を踏まえたコーポレートガバナンス・コードの改訂について」に寄せられたパブリック・コメントの結果について」（2018年6月1日、https://www.jpx.co.jp/rules-participants/public-comment/detail/d1/nlsgeu0000031fnd-att/nlsgeu0000034w98.pdf）306～312番参照。

反映するには、不正や不祥事等、会社にとって不都合な情報も含めて社外取締役に情報が伝達される制度的枠組みや実際の運用が確保されていることが重要と考えられます。

> 【原則 4 − 8 　独立社外取締役の有効な活用】
> 　独立社外取締役は会社の持続的な成長と中長期的な企業活動の向上に寄与するように役割・責務を果たすべきであり、上場会社はそのような資質を十分に備えた独立社外取締役を少なくとも 2 名以上選任すべきである。
> 　また、業種・規模・事業特性・機関設計・会社をとりまく環境等を総合的に勘案して、少なくとも 3 分の 1 以上の独立社外取締役を選任することが必要と考える上場会社は、上記にかかわらず、<u>十分な人数の独立社外取締役を選任すべきである</u>。

【原則 4 − 8】は、上場会社は独立社外取締役を少なくとも 2 名以上選任すべきこと、少なくとも 3 分の 1 以上の独立社外取締役の選任が必要と考える場合は十分な人数の独立社外取締役を選任すべきことにつき記載しています[38]。

なお、2018年 6 月の改訂により、少なくとも 3 分の 1 以上の独立社外取締役を選任することが必要と考える上場会社は、そのための取組方針を開示することでは足りず、十分な人数の独立社外取締役を選任するよう改められました。

---

[38] なお、2018年12月の法制審議会会社法制（企業統治等関係）部会において、①公開会社（発行する全部または一部の株式に譲渡制限が付されていない株式会社）かつ②大会社（資本金 5 億円以上または負債総額200億円以上）であって、③金融商品取引法上の有価証券報告書の提出義務がある④監査役会設置会社について、社外取締役の設置を義務づける会社法の改正を行うことが提案されています。現行の会社法上、このような株式会社は社外取締役を置いていない場合に理由を開示しなければならないこととされており（会社法327条の 2）、同規定やコーポレートガバナンス・コード【原則 4 − 8】等に基づいて実際にはすでに社外取締役を置いている金融機関が多いものと思われますが、上記のような会社法制の改正の動向にも留意することが必要となります。

【補充原則4－8①】
　独立社外取締役は、取締役会における議論に積極的に貢献するとの観点から、例えば、独立社外者のみを構成員とする会合を定期的に開催するなど、独立した客観的な立場に基づく情報交換・認識共有を図るべきである。

【補充原則4－8②】
　独立社外取締役は、例えば、互選により「筆頭独立社外取締役」を決定することなどにより、経営陣との連絡・調整や監査役または監査役会との連携に係る体制整備を図るべきである。

　社外取締役が不正や不祥事およびその背景にある事象等を適切に把握し、取締役会等において議論や問題提起等をしていくには、社外者同士の連携や監査役・監査役会との連携が重要と考えられます。監査役による業務の適法性監査の過程で発覚した情報を共有することができれば有用である一方、社内監査役による監査のみでは発見できない問題事象もある可能性があります。このような場合には、【補充原則4－8①】に記載する会合に社外監査役の参加も促す等、社外監査役との連携も有用と考えられます[39]。

【原則4－9　独立社外取締役の有効な活用】
　取締役会は、金融商品取引所が定める独立性基準を踏まえ、独立社外取締役となる者の独立性をその実質面において担保することに主眼を置いた独立性判断基準を策定・開示すべきである。また、取締役会は、取締役会における率直・活発で建設的な検討への貢献が期待できる人物を

---

[39] ただし、ここでも重要なのは「実質」であり、社外役員が取締役会前に単に事実上集まっているだけでこれらの原則を形式的に「コンプライ」するようなことのないよう、留意が必要となります。

> 独立社外取締役の候補者として選定するよう努めるべきである。

【原則4－9】では、独立社外取締役の候補者の資質として、「取締役会における率直・活発で建設的な検討への貢献が期待できる人物」をあげています。経営戦略やビジネスモデルの裏側に問題事象が顕在化しつつあるような場合、これらの経営戦略等を構築・実践している経営陣に対してその問題点を指摘するのは容易ではなく、特に経営戦略等に基づく業績が好調である場合等にはよりいっそう困難となります。このような場合に社外取締役がステークホルダーの意見を反映して意見を述べていくためには、上記のような資質のある候補者を公平かつ透明な過程で選任することが重要となります。

> 【原則4－10　任意の仕組みの活用】
> 　上場会社は、会社法が定める会社の機関設計のうち会社の特性に応じて最も適切な形態を採用するに当たり、必要に応じて任意の仕組みを活用することにより、統治機能の更なる充実を図るべきである。

> 【補充原則4－10①】
> 　上場会社が監査役会設置会社または監査等委員会設置会社であって、独立社外取締役が取締役会の過半数に達していない場合には、経営陣幹部・取締役の指名・報酬などに係る取締役会の機能の独立性・客観性と説明責任を強化するため、取締役会の下に独立社外取締役を主要な構成員とする任意の指名委員会・報酬委員会など、独立した諮問委員会を設置することにより、指名・報酬などの特に重要な事項に関する検討に当たり独立社外取締役の適切な関与・助言を得るべきである。

2018年6月の改訂により、会社法上の指名委員会・報酬委員会を置いていない上場会社において、独立社外取締役を主要な構成員とする任意の指名委員会・報酬委員会等の諮問委員会の設置が求められることとなっています。

役員への昇任や報酬の決定等が、役員による不正や不正の黙認、過度なプレッシャーの動機づけとなり、これが中間管理者等を通じて職員に伝播し、不正や問題事象の放置・拡大といった事象を誘発することも考えられます[40]。「主要な」「独立した」等の要件については、個々の上場会社において合理的に判断されることとされていますが[41]、金融機関においては、上記のような事情も考慮しながら、「実質志向」でこれらの任意の諮問委員会を設計し、運用していくことが重要となります。

【原則4－11　取締役会・監査役会の実効性確保のための前提条件】

取締役会は、その役割・責務を実効的に果たすための知識・経験・能力を全体としてバランス良く備え、ジェンダーや国際性の面を含む多様性と適正規模を両立させる形で構成されるべきである。また、監査役には、適切な経験・能力及び必要な財務・会計・法務に関する知識を有する者が選任されるべきであり、特に、財務・会計に関する十分な知見を有している者が1名以上選任されるべきである。

取締役会は、取締役会全体としての実効性に関する分析・評価を行うことなどにより、その機能の向上を図るべきである。

【補充原則4－11①】

取締役会は、取締役会の全体としての知識・経験・能力のバランス、多様性及び規模に関する考え方を定め、取締役の選任に関する方針・手

---

[40] 金融安定理事会（FSB：Financial Stability Board）は、2018年11月、「ミスコンダクトリスクに対処するための報酬ツールの利用に係る当局報告に関する提言」（原題：Recommendations for national supervisors: Reporting on the use of compensation tools to address potential misconduct risk）と題する報告書を公表しており（http://www.fsb.org/wp-content/uploads/P231118-1.pdf等参照）、監督当局もコンダクト・リスクと報酬との関係に関心を示す傾向にあります。
[41] 株式会社東京証券取引所、前掲注37・113～115番参照。

続と併せて開示すべきである。

【補充原則4－11②】
　社外取締役・社外監査役をはじめ、取締役・監査役は、その役割・責務を適切に果たすために必要となる時間・労力を取締役・監査役の業務に振り向けるべきである。こうした観点から、例えば、取締役・監査役が他の上場会社の役員を兼任する場合には、その数は合理的な範囲にとどめるべきであり、上場会社は、その兼任状況を毎年開示すべきである。

【補充原則4－11③】
　取締役会は、毎年、各取締役の自己評価なども参考にしつつ、取締役会全体の実効性について分析・評価を行い、その結果の概要を開示すべきである。

　【原則4－11】は、取締役会・監査役会の実効性確保のための前提条件として、①知識・経験・能力の全体としてのバランスや、ジェンダーや国際性の面を含む多様性と適正規模との両立と、②実効性に関する分析・評価の実施を要請しています。
　①に関しては、2018年6月の改訂で、取締役会の多様性の具体例として「ジェンダー」「国際性」が示されました。多様性はコンプライアンス・リスク管理基本方針でいうところの「社内の常識」と「世間の常識」のギャップを埋めるために有効であり、多様な人材を登用した結果としてこれまで問題とされてこなかった不祥事が明るみに出るといった事例もみられるところです。コンプライアンス・リスク管理の観点からも、今回の改訂をふまえて取締役会の多様性を確保することが重要といえます。
　また、2018年6月の改訂では、監査役の資質として、「適切な経験・能力

及び必要な財務・会計・法務に関する知識」が明示されています。近時の金融機関の不祥事においては、内部監査のみならず監査役監査が十分に機能していなかった点が指摘されるケースもみられます。社外監査役を選任する場合のみならず、社内の職員から監査役を登用する場合であっても、上記コーポレートガバナンス・コードの記載を参考にしながら、不正や問題事象の把握・分析を適切に行うことのできる資質を備えた監査役を選任することが重要と考えられます。

【原則4－12　取締役会における審議の活性化】
　取締役会は、社外取締役による問題提起を含め自由闊達で建設的な議論・意見交換を尊ぶ気風の醸成に努めるべきである。

【補充原則4－12①】
　取締役会は、会議運営に関する下記の取扱いを確保しつつ、その審議の活性化を図るべきである。
(ⅰ)　取締役会の資料が、会日に十分に先立って配布されるようにすること
(ⅱ)　取締役会の資料以外にも、必要に応じ、会社から取締役に対して十分な情報が（適切な場合には、要点を把握しやすいように整理・分析された形で）提供されるようにすること
(ⅲ)　年間の取締役会開催スケジュールや予想される審議事項について決定しておくこと
(ⅳ)　審議項目数や開催頻度を適切に設定すること
(ⅴ)　審議時間を十分に確保すること

　コンプライアンスに関する事項は、コンプライアンス担当役員が主宰するコンプライアンス委員会において検討したり、当該委員会での検討結果を経営会議等で報告・議論する等、規模や組織構造等に応じて金融機関各自で工

夫がなされているのと思われます。

　もっとも、「コンプライアンス・リスク管理＝経営の根幹」との発想を前提とすると、たとえば平時のコンプライアンス・リスク管理において、経営に重大な影響を与えるリスクとして特に取締役会で議論すべき重要なものや、有事のコンプライアンス・リスク管理において、問題事象のうち早期に取締役会にあげて議論すべき重要なものについては、取締役会にて社外役員も含めて審議を行うことが必要となります。専門性が高いとか、早期に（大事になる前に）事態を収拾する必要がある等の理由により、コンプライアンス委員会や経営会議での議論のみで片づけてしまっていたり、そもそも経営会議等で代表取締役まで含んで議論すれば十分であり、社外役員も巻き込んで議論することの必要性にまで思いが至らないといったケースもあるようですが、「世間の常識」に照らして迅速かつ適切に問題事象に対応していくには、早期に社外役員も巻き込んで議論することが重要といえます。

　なお、取締役会における審議の活性化を確保するためには、審議項目数および内容を適切に設定する必要があります。限られた時間内でコンプライアンス委員会での審議事項をすべて上程しようとすると、審議内容の項目や件数のみを概括的に報告するにとどまり、かえって重要事項が重要事項として認識されないおそれもあります。そのため、コンプライアンス・リスク管理に係る事項のうち取締役会で審議すべき「重要なもの」をいかに設定していくかが一つの課題となりますが、この点については第2章第4節で後述するリスクベース・アプローチの発想を活用していくことが有効と考えられます。他方で、「重要なもの」のみあげることを強調しすぎると、最終的に決議すべきタイミングまで上程のタイミングが遅れてしまい、不祥事対応が遅きに失するといった事態も生じかねません。「報告事項」として早期に第一報をあげるという方法のほか、取締役会の議案として、「報告事項」「決議事項」に加えて「審議事項」を導入し、重要なテーマについて決議に先立って取締役会で議論する手法を採用するといった方法も考えられます[42]。なお、不祥事対応としては、取締役会を待たずに社外役員に情報提供がなされる枠組みも別途必要と考えられますが、この点については第4章で若干触れたい

と思います。

【原則4－13　情報入手と支援体制】

　取締役・監査役は、その役割・責務を実効的に果たすために、能動的に情報を入手すべきであり、必要に応じ、会社に対して追加の情報提供を求めるべきである。

　また、上場会社は、人員面を含む取締役・監査役の支援体制を整えるべきである。

　取締役会・監査役会は、各取締役・監査役が求める情報の円滑な提供が確保されているかどうかを確認すべきである。

【補充原則4－13①】

　社外取締役を含む取締役は、透明・公正かつ迅速・果断な会社の意思決定に資するとの観点から、必要と考える場合には、会社に対して追加の情報提供を求めるべきである。また、社外監査役を含む監査役は、法令に基づく調査権限を行使することを含め、適切に情報入手を行うべきである。

【補充原則4－13②】

　取締役・監査役は、必要と考える場合には、会社の費用において外部の専門家の助言を得ることも考慮すべきである。

42　会社の持続的成長と中長期的な企業価値の向上に向けた取締役会のあり方「スチュワードシップ・コード及びコーポレートガバナンス・コードのフォローアップ会議」意見書(2)（https://www.fsa.go.jp/singi/follow-up/statements_2.pdf）6頁参照。

【補充原則4－13③】
　上場会社は、内部監査部門と取締役・監査役との連携を確保すべきである。また、上場会社は、例えば、社外取締役・社外監査役の指示を受けて会社の情報を適確に提供できるよう社内との連絡・調整にあたる者の選任など、社外取締役や社外監査役に必要な情報を適確に提供するための工夫を行うべきである。

　【原則4－12】で述べた取締役会での審議の充実化の観点からも、また問題事象の早期発見のためにも、取締役・監査役による能動的な情報入手や必要に応じた追加的な情報提供を行うことが重要といえます。もっとも、特に常勤でない社外役員がいかにして能動的に情報入手や情報提供依頼を求めるかは一つの課題となります。この点に関しては、【原則4－13】に基づく対応の一環として、社外役員専担の職員を設けている金融機関もみられるところです。また、事業部門や管理部門から独立した立場で監査を行っている内部監査部門から社外役員が情報を入手する方法も有用といえます。経営陣への直接の改善提言等を行うことに躊躇を覚える可能性もある内部監査部門が、（社内のレポーティング・ラインを介さずに）社外役員に直接情報提供できるチャネルを有しておくことは、内部監査の実効性確保にとっても有用と考えられます。

【原則4－14　取締役・監査役のトレーニング】
　新任者をはじめとする取締役・監査役は、上場会社の重要な統治機関の一翼を担う者として期待される役割・責務を適切に果たすため、その役割・責務に係る理解を深めるとともに、必要な知識の習得や適切な更新等の研鑽に努めるべきである。このため、上場会社は、個々の取締役・監査役に適合したトレーニングの機会の提供・斡旋やその費用の支援を行うべきであり、取締役会は、こうした対応が適切にとられている

か否かを確認すべきである。

> 【補充原則4−14①】
> 社外取締役・社外監査役を含む取締役・監査役は、就任の際には、会社の事業・財務・組織等に関する必要な知識を取得し、取締役・監査役に求められる役割と責務（法的責任を含む）を十分に理解する機会を得るべきであり、就任後においても、必要に応じ、これらを継続的に更新する機会を得るべきである。

> 【補充原則4−14②】
> 上場会社は、取締役・監査役に対するトレーニングの方針について開示を行うべきである。

【原則4−11】で、社外取締役・社外監査役の資質について触れられていますが、社外役員が経営陣に対する実効的な監督・牽制機能を発揮していくには、金融機関に適用される業法その他の法規制のみならず、金融機関が置かれている事業環境、これらをふまえて金融機関が講じるビジネスモデル・経営戦略等を十分に理解することが重要となります。金融機関としては、社外役員がこうした理解をするのに資する研修等を実施するよう意識する必要がありますし、社外役員においても、必要な研鑽や金融機関からの情報収集を行っていくことが重要となります。

(2) リスク管理の枠組み──3つの防衛線（3線管理）

リスク管理一般において、会社の機能を事業部門・管理部門・内部監査部門に分類し、「3つの防衛線」（3線管理）の概念で整理することがあります。コンプライアンス・リスク管理基本方針でも、(i)事業部門による自律的管理、(ii)管理部門による牽制、(iii)内部監査部門による検証、の3つに区分し

図表2-6 【参考】3つの防衛線

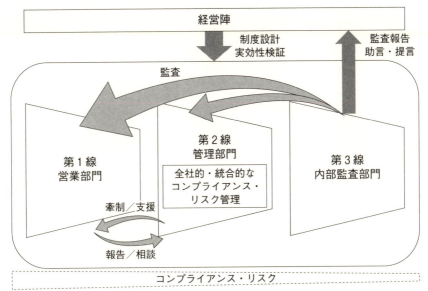

(注) 筆者作成。一つの整理であり、これ以外にもさまざまな整理の方法が考えられる。

て、コンプライアンス・リスク管理の枠組みを論じています（7頁）。

なお、金融機関の規模や組織構造等によっては、組織内の機能を明確に3線のいずれに区分するか、その判断が微妙な部門や機能が存在することも考えられます。コンプライアンス・リスク管理基本方針も、「3つの防衛線」の考え方につき、明確に区分して態勢整備を行うこと自体が目的ではないとしたうえ、「各防衛線の役割を定型的・形式的に考える必要はなく、各金融機関が組織の実情を十分に踏まえ、総合的にみて適切にリスク管理を行うことのできる態勢を自ら考えることが重要」としています[43]（7頁）。

---

[43] ただし、「3つの防衛線」のなかで整理されている機能自体はリスク管理において重要であり、設立間もないからとか、規模が小さいからといった理由のみでこうした機能をいずれの部門も保有しなくてよいことにはならないと考えられます。たとえば、仮想通貨交換業者や、現在登録審査中のみなし仮想通貨交換業者についても、「3つの防衛線」に基づく管理態勢の構築を求めているものとして、金融庁「仮想通貨交換業者等の検査・モニタリング　中間とりまとめ」（平成30年8月10日、https://www.fsa.go.jp/news/30/virtual_currency/20180810-2.pdf）参照。

a　事業部門による自律的管理（第1線）

　これまで、コンプライアンスといえば管理部門が中心となって取り組む問題であり、事業部門がコンプライアンス・リスク管理を担うとの意識が希薄である傾向があった面は否定できません。もっとも、コンプライアンス・リスクがビジネス・経営戦略と表裏一体のものであることからすれば、第1線たる事業部門こそが、収益を生み出す事業活動に起因するリスクの発生源であり、リスク管理の第一義的な責任を有すると考えられます（7頁）。

　金融機関としては、事業部門の役職員が「リスク・オーナー」であるとの意識を醸成するよう、種々の施策を講じていくことがよりいっそう重要となります。企業理念にさかのぼった研修を行うといった方法のほか、収益に偏重しないバランスある業績評価を行うこと等で、コンプライアンスを重視した企業文化を事業部門にまで浸透させていく必要があります。

　もっとも、ある事象がコンプライアンス上の問題を惹起するか否か判断するには、事業部門に属する個々の職員が、コンプライアンスに関する専門的知見や感覚（「気づき」）を有していることが大切であり、事業部門にいかにこうした専門的知見や感覚を有する人員を配置するかは一つの課題となります。

　この点に関し、コンプライアンス・リスク管理基本方針は、管理部門や内部監査部門と事業部門との人材のローテーションを図る取組みをあげています（9頁）。一般に、特定の者のみが行いうる業務を可能な限り減らすことができ、人材ローテーションは不正を防止する点でも効果があるとされています。今後は、事業部門にコンプライアンスに関する専門的知見や感覚を有する人材を配置する観点からも、管理部門・内部監査部門と事業部門との人材のローテーションを検討することが有用といえます。なお、コンプライアンス・リスク管理基本方針は、人材ローテーションに関し、事業部門への人材供給上のメリットのみならず、管理部門・内部監査部門に、金融機関のビジネスに関する深い知識・経験を有し、事業部門の実務をよく知る人材を配置することができる点にも触れています（9頁）。これまでは、コンプライアンスに関する専門的知見等を蓄積するため、コンプライアンス部門にて長

期に育成する方針をとっていた金融機関もあったと思われますが、コンプライアンスがビジネスモデルや経営戦略と密接不可分の問題であることからすると、適用される法規制等についての専門的知見のみを有しているのみならず、金融機関ごとのビジネスモデルや経営戦略に習熟していることが重要となります。その意味で、事業部門の人材を管理部門に配置して金融機関のビジネスに関する知見を管理部門のコンプライアンス・リスク管理に活用していくことも有用といえます。

このほか、管理部門の人材を事業部門に配置し、独立した管理部門による指揮命令のもとで牽制機能を発揮する、いわゆる「1.5線」を整備する方法も、有益な取組みの一つと考えられます[44]。

b 管理部門による牽制（第2線）

コンプライアンス・リスク管理基本方針は、第2線たるコンプライアンス部門・リスク管理部門等の管理部門の役割につき、①事業部門の自律的リスク管理に対する独立した立場からの牽制、②支援、③全社的なリスクの統合的な管理、をあげています（7頁）。

近時、リスク管理における第1線や第3線の重要性が強調される傾向にありますが、第1線・第3線の権限・機能強化によっても、なお第2線たる管理部門による上記①～③の機能発揮はコンプライアンス・リスク管理において重要な役割を有するといえます。管理部門は、①内部監査部門よりも近い立場から、問題事象発覚ごとのタイムリーな通達の発信等、適時適切な牽制を行うことができますし、②事業部門が日々の業務で抱えるコンプライアンス上の相談への応答やフィードバック等を通じ、事業部門を支援する役割も担います。

さらに、③ビジネスラインを持たない客観的な視点から、金融機関に所在する全社的なコンプライアンス・リスクを統合的に管理する役割も有しています。第2章第4節で後述するリスクベース・アプローチのもとでは、リス

---

[44] パブコメ65番参照。金融機関の規模や組織構造上、人材ローテーションを直ちに行うのが容易でないような場合に、その前段階として「1.5線」を整備することも考えられます。

ク評価結果に基づくリスクに見合ったコンプライアンス・リスク管理を講じていく必要があり、管理部門によるリスク評価はコンプライアンス・リスク管理の基礎となるといえます。特に、グループ会社や海外拠点を有する場合には、経営陣の関与のもと、グループ全体のコンプライアンス・リスク管理態勢の構築・運用を行う必要がありますが（8、9頁）、この観点からも第2線たる管理部門は重要な役割を担っています。この点については、第3章でも若干言及します。

　管理部門が上記の役割を発揮するには、経営陣主導のもと、管理部門の地位・権限の付与、独立性の担保、質量両面における人材の確保が必要となります（7頁）。特に、コンプライアンスの外延が拡大し、個々の法令上の規定のみならず、社会規範、利用者保護、市場の公正・透明等の観点から管理すべきリスクの捕捉が必要となると、個別の法令や金融業務に対する知見のみならず、金融機関に対する社会的要請や、新たなリスクに対する対応等をプロアクティブに検討していく創造的な能力も必要となると考えられます[45]。

c　内部監査部門による検証（第3線）

　近時の金融機関の不祥事では、過去に複数の同種事案があり、発見し是正を求めることができたにもかかわらず、内部監査部門がこれらを看過し、あるいは十分な是正措置を講じなかった結果、その拡大を未然に防止できなかった点が指摘されるケースが多くみられます。コンプライアンス・リスク管理基本方針が事業部門（第1線）、管理部門（第2線）に比して内部監査部門（第3線）につき重点的に記載しているのも、上記のような背景があるものと考えられます。

　まず、コンプライアンス・リスク管理基本方針は、(i)経営陣の理解や後押し不足等の理由から、内部監査の役割が限定的、(ii)リスク・アセスメントが不十分、(iii)事務不備の検証や規程等への準拠性の検証にとどまる、といった

---

[45] 管理部門の人材配置に関し、パブコメでは、社内に適切な人材が不足している場合における外部専門人材の登用にも言及しています（38、64番）。一つの有用な方法と考えられる一方で、外部専門人材を活用する場合でも、社会規範や金融機関に対する社会的要請等もふまえた総合的な判断がなされることが重要であり、専門的知見のみに基づく形式的な判断に偏向することのないよう、留意が必要となります。

従来の内部監査の問題点を指摘しています（8頁）。内部監査は、リスク・アセスメントに基づき策定されるリスクベースの監査計画に基づいて実施する必要があるところ[46]、金融機関の内部監査においてリスク・アセスメントが不十分であったと考えられる事例としては、たとえば以下のようなものが考えられます[47]。

① 過度な営業推進による弊害が生じていないかといった問題意識の欠如から、他と比較して突出した業績を上げている営業店に対して監査を実施していない。
② 経営目標に「役務収益増強」、「ミドルリスク層へのリスクテイク拡大」を標榜しているにもかかわらず、それに伴って生じ得るリスクに関する監査を実施していない。
③ 経営方針や経営環境の変化を踏まえることなく、内部監査項目を前年と全く同一としている。
④ リスク・アセスメントの結果として認識したリスクを監査項目に反映させていない。
⑤ 市場運用部門に対する監査において、市場リスク管理態勢に着目することなく、他部店と同様に労務管理や情報管理上の問題、ALM委員会への付議状況等、行内の規程・マニュアル等に準拠した事務取扱が行われているかといった観点での監査しか実施していない。

そのうえで、コンプライアンス・リスク管理基本方針は、「管理態勢の構築やその運用に不備があれば、経営陣に対し指摘して是正を求め、」「管理態

---

[46] The Institute of Internal Auditors, "International Standards for the Professional Practice of Internal Auditing（Standards）"（2017, https://global.theiia.org/standards-guidance/Public%20Documents/IPPF-Standards-2017.pdf）2010等参照。なお、日本語訳については、https://global.theiia.org/translations/PublicDocuments/IPPF-Standards-2017-Japanese.pdf参照。

[47] パブコメ41番、金融庁「平成29事務年度　地域銀行モニタリング結果取りまとめ」（2018年7月13日、https://www.fsa.go.jp/news/30/ginkou/20180713-2/20180713-2-2.pdf）6、7頁参照。

勢の改善等について経営陣に助言・提言」「経営陣への規律づけ」等、単なる事務不備検証や規程等の準拠性検証を超えて、管理態勢構築や運用不備に関する助言・提言・是正等、経営陣に対して牽制機能を発揮することを求めています（7、8頁）。

　また、内部監査部門は、平時の定期的な内部監査のほか、問題事象が発覚した場合のいわゆる「有事対応」として、事業部門・管理部門から独立した立場で調査を行い、調査結果の報告や再発防止策の提言等を行う役割・権限も有している場合も多いと思われます。このような場合、問題事象が生じた背後にある構造的問題にさかのぼり、実効的な再発防止策を策定することが重要となりますが、ビジネスモデル・経営戦略と密接に結びつくコンプライアンス上の問題事象の根本原因を適切にあぶり出し、その問題点や改善点を報告・提言していくには、内部監査部門の現場担当者のみによるだけでは限界があることも考えられます[48]。コンプライアンス・リスク管理基本方針では、「経営陣が中心となり、事業部門、管理部門及び内部監査部門等の幅広い役職員による対話・議論を通じて、問題事象に至った背景・原因を多角的に分析・把握する企業文化を醸成することが重要となる」としています（8頁）。

　このような機能の発揮のためには、内部監査部門の人材を質量両面で充実させる必要があります。人材の質量両面での確保にあたっては、内部監査部門・管理部門間、あるいは内部監査部門・事業部門間での人材ローテーションを行うことも一つの有用な方法と考えられます。コンプライアンス部門と内部監査部門とは、業務の親和性が高く、これまでも一定程度の人材交流がなされていた金融機関もあるものと思われます。このようなローテーション

---

[48] 経営上の問題にまでさかのぼった問題事象に対して内部監査部門のみによる解決に限界がある例として、コンプライアンス・リスク管理基本方針では、「経営陣の収益至上主義的な姿勢が問題発生の主な要素となっている場合に、その問題を避けて根本的な解決に至ることは望めない」「取り扱う商品・サービスが急激に増加し、それに事務運営や内部管理態勢が追いつかず、コンプライアンス上の問題事象が生じた場合に、事務手続や内部管理のルールを強化するだけでは、かえって逆効果となりかねない」と指摘しています（8頁）。

のみならず、内部監査部門・事業部門間でも人材ローテーションを行うことは、ビジネスモデル・経営戦略の視点を内部監査部門に反映するのみならず、内部監査部門の社内での位置づけ（プレゼンス）の向上にも一定程度役立つものと思われます。なお、内部監査部門の実効性確保のためには、事業部門や管理部門から独立した立場で業務を遂行する必要があり、このような人材ローテーションを実施するにあたっても、内部監査部門の独立性が損なわれることのないよう、留意が必要となります。また、規模や組織構造上の限界があるからといって、いわゆる「1.5線」のように、内部監査部門が物理的に事業部門と同一の場所に所属し、事業部門による自店検査を一部代行し、その検査結果について事業部門による事実上の影響が及んでいるような取組みは、内部監査部門の独立性の確保という観点からは問題があるように思われます。

　このほか、経営陣に対して率直な意見を述べることを可能とするよう、指揮命令系統、レポーティング・ライン等を工夫する必要もあると考えられます。内部監査部門を代表取締役の直轄とする金融機関も多く、コンプライアンス・リスク管理基本方針でもそれ自体は否定されているわけではありませんが、コンプライアンス上の問題事象の根本原因の一つに経営陣の姿勢がうかがわれるような場合、問題事象に対する内部監査部門の調査方法・内容・結果等が経営陣によってゆがめられたり、矮小化して処理されたりする可能性も否定できません。このような可能性をできる限り排除するためにも、実効的な監査を確保するための取組みとして、平時の内部監査の過程で発覚した問題事象につき社外役員にも報告できる態勢とする、有事に特別に行う調査・監査は社外役員主導で行う等、社外役員へのレポーティング・ラインを確保しておくことも一つの有用な方法と考えられます[49]。

49　パブコメ44～51番、52～55番も参照。

この節のポイント

✓ コンプライアンス・リスク管理は、ビジネスと不可分一体の課題であり、経営の根幹をなすものといえ、この点を十分に意識した管理態勢の構築が必要となります。

✓ 「金融機関の役職員が共有する基本的な価値観・理念や行動規範」としての企業文化は、コンプライアンス・リスク管理に関する経営陣や中間管理者の姿勢および内部統制の仕組み全体に通じる、いわば屋台骨をなすものといえ、健全な企業文化の醸成が、不祥事発生防止にとって最も重要な要素の一つということができます。

✓ 経営陣の姿勢（「tone at the top」）は、実効的なコンプライアンス・リスク管理の根幹として重要な企業文化にも大きな影響を与えます。健全な企業文化の醸成にあたっては、中間管理者が経営陣の姿勢を自らの部署等の業務にあわせて具体的に理解し、日々の業務のなかで体現することを通じて浸透させることも重要となります（「tone in the middle」）。

✓ 人事・報酬制度は、個々の役職員へのインセンティブとして作用し、そのあり方は、役職員の行動に大きく影響を及ぼすものであり、企業文化をかたちづくる重要な要素の一つといえます。人事・報酬制度およびその運用につき、単に労働法制の遵守等の観点から形式的に確認するのではなく、経営理念やメッセージと整合的なものとなっているか、不正や問題事象につながる可能性がないか等、絶えず検証していくことが重要となります。

✓ 内部通報制度の機能発揮のためにも、経営陣や中間管理者が示す姿勢が重要であり、内部通報制度の意義・趣旨等の周知徹底が必要であるほか、通報窓口や通報の方法等、制度上の工夫を施して実効性を向上していくことも重要となります。

✓ 「社内の常識」と「世間の常識」の乖離を解消するため、第三者的立場にある社外取締役等による実効的な監督・牽制等を確保していく

ことが重要となります。経営陣がなんらかのかたちで内部統制の無効化・弱体化に関与していたり、企業文化が根本原因となっているような場合には、社外役員による根本原因の除去はさらに重要となります。社外役員の機能発揮のためには、迅速かつ適切な情報提供のほか、社外役員選任過程の公平性・透明性も重要と考えられます。

- ✓ 経営陣による内部統制無効化リスクに対する牽制や、ステークホルダーの期待や要請等の観点から、強固なコーポレートガバナンスはコンプライアンス・リスク管理にとっても重要な意義を有します。ステークホルダーからの高次の要請に応えてその信頼を確保していく必要のある金融機関においては、「仏に魂を入れた」実効的なガバナンスを構築していくことが重要と考えられます。
- ✓ コンプライアンス・リスク管理においても、会社の機能を事業部門・管理部門・内部監査部門に分類し、「3つの防衛線」(3線管理)との概念で整理し、(i)事業部門による自律的管理、(ii)管理部門による牽制、(iii)内部監査部門による検証、の3つに区分して枠組みを検討することが有用となります。
- ✓ 収益を生み出す事業活動に起因するリスクの発生源である事業部門が、「リスク・オーナー」としてリスク管理の第一義的な責任を有するとの意識を醸成することが重要となります。研修・業績評価上の工夫のほか、人材ローテーションや、「1.5線」の整備等の取組みも有用と考えられます。
- ✓ ①事業部門の自律的リスク管理に対する独立した立場からの牽制、②支援、③全社的なリスクの統合的な管理、の役割と責任を有する管理部門は、コンプライアンス・リスク管理において依然として重要な役割を有しています。
- ✓ 近時の金融機関の不祥事では、過去に複数の同種事案があり、発見し是正を求めることができたにもかかわらず、内部監査部門がこれらを看過し、あるいは十分な是正措置を講じなかった結果、その拡大を未然に防止できなかった点が指摘されるケースが多くみられます。内

部監査部門による検証は、平時のコンプライアンス・リスク管理態勢強化や有事の問題事象対応の双方にとって重要な意義を有するといえます。
- ✓ 内部監査部門は、単なる事務不備検証や規程等の準拠性検証を超えて、管理態勢構築や運用不備に関する助言・提言・是正等、経営陣に対して牽制機能を発揮することが求められており、また問題事象に対しては、ビジネスモデルや経営戦略等もふまえた根本原因の分析を行うことが重要となります。
- ✓ こうした内部監査部門の実効性確保には、人材ローテーションのほか、社外役員等への直接の報告等、指揮命令系統、レポーティング・ライン等にも工夫を施すことが有用となります。

第 4 節

リスクベースのコンプライアンス・リスク管理

　上記第 2 節で述べたとおり、実質・未来・全体志向のコンプライアンス・リスク管理へとその管理を高度化するとなると、法令等のみならず、その背後にある趣旨や、社会規範、利用者保護、市場の公正・透明等、より幅広い視野でコンプライアンス・リスクをとらえていく必要が生じてきます。

　このようなコンプライアンスの守備範囲の拡大に対し、これまでのように 1 個 1 個の要求事項の形式的かつ厳格な遵守を行っていくことには、資源配分上も限界があります。限られた経営資源のもとで実効的かつ効率的なコンプライアンス・リスク管理を行っていくには、ルールベースからリスクベースの管理態勢へと、その発想を転換していくことが重要となります。

　コンプライアンス・リスク管理基本方針では、従来、金融機関においては、法令や検査マニュアルのチェックリストを形式的かつ厳格に遵守するというルールベースの発想が強く、次のような傾向がみられたと指摘されています（9、10頁）。

---

① 　リスクベースの発想が弱く、実効性・効率性を十分に考慮しないまま、過大な負担を生じる管理態勢が構築され、経営上の重要課題に十分な経営資源を割くことができない。（「形式への集中」「部分への集中」）
② 　発生した問題事象への事後的な対応に集中しがちとなり、将来に如何なるリスクが生じ得るかを考え、それを未然に防止するという視点が弱い。（「過去への集中」）
③ 　新たなリスクへの対応という視点が弱く、動きの激しい金融の世界では、法令・制度が必ずしも十分に整備されていない新たな領域等からリスクが生じることがあるが、それが管理の対象から抜け落ちる。

図表2−7　リスクベースの発想への視野拡大

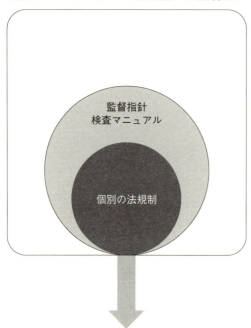

【これまで】
- 遵守すべき規範が、監督指針・検査マニュアル等で明示
- 明示された規定に違反しなければ問題ないとの発想が背景
- コンプラ部門等の管理部門が、チェックリスト等により、規範への遵守状況につき形式的に対応
- 発生した個別問題に対する事後的な対応

【これから】
- 検査マニュアル廃止、遵守すべき規範の外延が不明確に
- 単なる規定の形式的遵守のみならず、社会規範、利用者保護、市場の公正・透明の観点から管理すべきリスクの捕捉が必要
- 従来の法令による規制の枠組みではとらえられない新たな金融商品や新しい取引手法・取引形態にも対応する必要
- 規定に違反しなければ問題ないとの発想では対応できず、管理すべきリスクを前広・未然に把握、リスクベースで対応する必要

（注）　コンプライアンス・リスク管理基本方針を参考に筆者作成。

(「形式への集中」「過去への集中」)

(1) リスクベース・アプローチ

コンプライアンス・リスク管理基本方針におけるリスクベース・アプローチとは、各金融機関が、(i)費用対効果や、法令の背後にある趣旨等をふまえたうえで、(ii)自らのビジネスにおいて、利用者保護や市場の公正・透明に重大な影響を及ぼし、ひいては金融機関自身の信頼を毀損する可能性のある重大な経営上のリスクの発生を防止することに重点を置いて、(iii)リスクを特定・評価し、これを低減・制御するためのプロセスを実行に移すこと、とされています[50]。

リスクベース・アプローチの発想自体は、リスク管理の一般的手法として広く採用されており、金融機関でも、リスク管理や内部監査、外部委託管理等、さまざまな分野で用いられています[51]。コンプライアンスの分野においても、たとえばコンプライアンスを実現させるための具体的な実践計画（規定の整備、内部統制の実施計画、職員の研修計画など）であるコンプライアンス・プログラムには、一般的に、リスクの状況変化もふまえながら、金融機関等が自らの業務が直面するリスクを適時・適正に特定・評価し、その評価結果に基づき策定・見直しを行うリスクベース・アプローチの仕組みが盛り込まれているとされています[52]。また、マネー・ローンダリングおよびテロ資金供与対策は、金融機関においてはコンプライアンスの一分野とされたり、あるいはコンプライアンスから独立した分野とされたりしていますが、

---

50 パブコメ68番。
51 内部監査については、上記第3節(2)c参照。また、外部委託管理に関しては、公益財団法人金融情報システムセンター（FISC）が2016年6月に公表した「金融機関における外部委託に関する有識者検討会報告書（https://www.fisc.or.jp/isolate/index.php?dl=9E7CA48FD70263069C840738ECBA6353F326AC90B469C4872F31B9D7A751D10F&No=1) 24頁以降において、経営層等が情報システムに対する安全対策等を決定するための原則としてのリスクベース・アプローチが詳細に説明されています。拙著『マネロン・テロ資金供与リスクと金融機関の実務対応』（中央経済社、2018年）23、24頁参照。
52 財務省「外国為替検査ガイドライン」（2018年9月、https://www.mof.go.jp/international_policy/gaitame_kawase/inspection/g_zenbun.pdf）6頁参照。

リスクベースでのマネロン・テロ資金供与対策が求められており、2018年2月に金融庁から公表された「マネー・ローンダリング及びテロ資金供与対策に関するガイドライン」でも、マネロン・テロ資金供与対策におけるリスクベース・アプローチを「金融機関等が、自らのマネロン・テロ資金供与リスクを特定・評価し、これを実効的に低減するため、当該リスクに見合った対策を講ずること」と定義したうえ、わが国金融システムに参加する金融機関等にとって当然に実施していくべき事項（ミニマム・スタンダード）としています[53]。

もっとも、上記のとおり、金融機関のコンプライアンスにおいては、法令や監督指針・金融検査マニュアル等、当局等から示されるルールの形式的遵守というルールベースの傾向が強く、新たにリスクベース・アプローチの発想を導入するにあたっては、以下のような課題に直面することが想定されます。

① これまで法令や監督指針・金融検査マニュアル等に基づき実施してきた実務のうち、どの部分を低リスクとして簡素化すればよいか判断しづらい。

② そもそも、いかなるリスクがコンプライアンス・リスクに該当し、その高低をいかに評価するか等、コンプライアンス・リスクの特定・評価の手法や具体的な指標・判断基準等を設定できない。

このうち、①に関しては、法令上の義務等、金融機関として遵守すべき最低基準（ミニマム・スタンダード）を遵守しなければならない点はリスクベース・アプローチのもとでも異ならないことより[54]、金融機関としては、たとえば簡素化しても必ずしも法令上の義務等に違反せず、形式的に履行しているのみで過剰となっているような社内規程上の手続を一部省略・改廃するこ

---

[53] https://www.fsa.go.jp/news/30/20180206/besshi1.pdf、1、6頁等参照。なお、リスクベースに基づくマネロン・テロ資金供与対策については、第4章でも触れます。
[54] パブコメ68番。

と等が考えられます。この点に関し、コンプライアンス・リスク管理基本方針では、「このようなリスクベース・アプローチの結果、不要・過剰な社内規程等の存在が明らかとなった場合には、当該規程等の改廃や金融機関の規模・特性に応じたメリハリのある対応等、より効率的な態勢を構築することも考えられる」とされています（10頁）。

　もっとも、金融機関としては、そもそも省略・改廃を行っても最低基準違反とならない手続等を特定・抽出すること自体に困難を伴うことも考えられ、当局の要請等に基づいて従前より実施してきた手続を簡素化することに相応の躊躇を覚えることも想定されます。このような事態を可能な限り回避するため、たとえば同様の規模・特性等を有する他の金融機関の取組みを参考とすることも考えられます。こうした点からも、金融機関としては、実態把握の過程で得られた事例や共通課題等の金融庁からのフィードバック・公表に留意する必要があります[55]。

(2)　幅広いリスクの捕捉および把握

　他方、②に関し、コンプライアンス・リスク管理基本方針は、主として以下の方法を提示しています（11頁）。

(ｱ)　金融機関の事業に関して適用される法令を洗い出し、その法令に対する違反が生じ得る業務を特定する。
(ｲ)　利用者保護や市場の公正・透明に影響を及ぼし、金融機関の信頼を大きく毀損する可能性のある事象を洗い出す。
(ｳ)　生じた問題事象への事後対応のみに集中するのではなく、様々な環境変化を感度良く捉え、潜在的な問題を前広に察知する。

　このうち、(ｱ)に関しては、業態ごとに適用される業法や金融規制法のみならず、労働法制や個人情報保護法制等、事業者に適用される法令を洗い出

---

[55]　コンプライアンス・リスク管理基本方針2頁、パブコメ69～71番等参照。

図表2－8　コンプライアンス・リスクの特定・評価

- コンプライアンス・リスク（固有リスク）＝発生可能性×影響度
- 特定・評価にあたっては、違反により金融機関が実際に負担する財産的損害のほか、レピュテーション上の影響等も考慮
- コンプライアンス・リスク（残存リスク）＝コンプライアンス・リスク（固有リスク）－低減措置（コントロール）

（注）　筆者作成。上記のように固有リスクを「見える化」する方法のほか、固有リスクの大小およびコントロールの強弱を用いてリスクを「見える化」する方法も考えられる。

し、これらの違反の発生可能性および影響度ならびにその大小を特定・評価することが考えられます。特定・評価にあたっては、違反により金融機関が実際に負担する財産的損害のほか、レピュテーション上の影響等も考慮する必要があります。

　もっとも、コンプライアンス・リスク管理基本方針によれば、上記(ア)はあくまでコンプライアンス・リスクの特定の「出発点」にすぎず、以下のような場合には重大なリスクの見落としや見誤りが生じうるとされており、これらのリスクを捕捉・把握するために(イ)(ウ)の方法を用いるべきとされています（11頁）。

> ① 金融機関が、ある業務に関し、その適切性について問題意識がないため管理対象とはしていないが、それが実は多数の顧客に損失が生じることとなるものや、大きな社会的批判を受ける可能性のあるものである場合[56]。
> ② 金融・経済の激しい動きの中で、従来の法令による規制の枠組みでは捉えられない、新たな金融商品や新しい取引手法・取引形態が登場し、法令の整備に先だって経済活動が進行しているような場合。

(イ)に関しては、法令違反等として顕在化してはいないが、事務ミスや苦情等の形で顕在化し始めている事象を分析することが考えられます。近時の不祥事案件では、過去に同種の事案が発生しているにもかかわらず、背後にある根本原因やより重大な結果となる可能性に気づくことなく、軽微な事務ミスや苦情として定型的に処理してしまっているケースがみられます。金融機関においては、こうした「ヒヤリ・ハット事例」をいかに効率的に把握し、より大きな不正や問題事象の可能性を未然に摘んでいくかが課題となります[57]。実効的かつ効率的な捕捉にあたっては、事務ミスや苦情等を類型ごとに集計し、類型間の比較（水平比較）や同一類型の経年比較（垂直比較）等、定量分析を通じて類型別のリスクの高低を客観的に把握したうえ[58]、リスクが高いと判断される類型や事象の根本原因につき深度ある定性分析を組み合わせて実施するといった方法も考えられます。こうした定量分析は、個別の事案ごとの対応では気づきにくい問題事象・根本原因の傾向等の分析に役立

---

[56] コンプライアンス・リスク管理基本方針では、上記①の文脈で、コンダクト・リスクについて言及しています（11、12頁）。本書では、第2章第1節(2) b 参照。

[57] なお、労働災害の分野においては、1件の大事故の裏には29件の軽傷を伴う事故があり、さらにその裏には300件の傷害を伴わない事故があるという「ハインリッヒの法則（1：29：300の法則）」が知られており（http://anzeninfo.mhlw.go.jp/yougo/yougo24_1.html参照）、この考え方は苦情対応の場面等にも広く応用されています。

[58] コンプライアンス・リスク管理基本方針は、情報通信技術を活用した効果的で効率的なコンプライアンス・リスク管理について言及しています（9頁）。この点については、第3章でも少し触れたいと思います。

図表2−9　水平比較・垂直比較

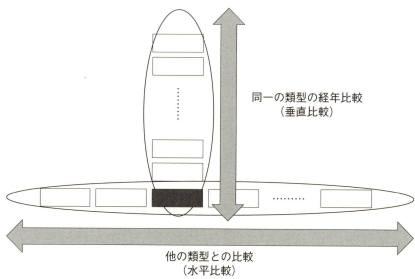

(注)　筆者作成。

つことも考えられます。

　また、これまでは、事務ミスや苦情等の分析自体は行われていても、事案ごとの個別対応や手続の加重等の形式的・部分的な対応に終始し（いわゆる「モグラたたき」的対応）、所管する部門も、事務ミスは事務部門、苦情はお客様相談室等に「縦割り」となっており、部門横断的かつ総合的に共通の真因分析を行うといった姿勢は希薄だった側面があります。法令等で明示的に規定されておらず管理対象とされていないが問題事象となりうる事象を前広に捕捉・把握していくには、顕在化しつつある事務ミス・苦情等のほか、内部通報、訴訟・ADR、さらには必要に応じてハラスメント[59]事案等も含め、

---

[59]　なお、現在、厚生労働省の労働政策審議会雇用環境・均等分科会において、職場のパワーハラスメントを防止するため、事業主に対して、パワーハラスメントを受けることを防止するための雇用管理上の措置を講じることを法律で義務づけることが検討されています（厚生労働省「女性の職業生活における活躍の推進及び職場のハラスメント防止対策等の在り方について（報告書案）」(2018年12月、https://www.mhlw.go.jp/content/11909500/000456686.pdf) 6頁参照。

図表2-10 顕在化しつつあるコンプライアンス・リスクの捕捉・把握

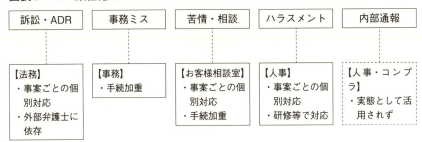

【これまで】
- 対応する部署が別々で、横断的・総合的な検討の枠組みなし
- 内部通報等、実態として活用されていないチャネルも放置
- 事案ごとの個別対応で、真因分析にまでは至らず
- 表層的な手続加重で対応、過剰な手続となりさらなる問題事象を誘発するおそれも

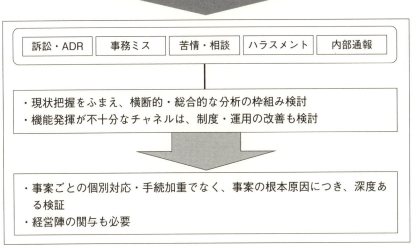

【これから】
- 横断的・総合的な分析の枠組み検討
- 機能発揮が不十分なチャネルは、制度・運用の改善も検討
- 事案ごとの個別対応でなく、根本原因につき深度ある検証
- 根本原因によっては、事象に対する形式的対応のみならず、根本原因除去のための改善策を講じる

(注) 筆者作成。

図表2-11　幅広いリスクの捕捉および把握——定性分析と定量分析

		定性分析	定量分析
管理すべきリスクを前広・未然に把握	すでに顕在化しているリスク	■ 発生した問題事象の原因分析・改善策の実行 ■ ただし、単なる事務不備として手続を加重するのではなく、根本原因にさかのぼった検証が必要	
	顕在化しつつあるリスク	■ 事務ミス／苦情／内部通報／係争等を総合的に分析 ■ その背景にある共通する事情や根本原因等を突き止め、リスクの把握に活かす	■ 事務ミス／苦情等を一定の類型ごとに分類 　1．社内規程違反の件数、発生頻度 　2．苦情の件数 　3．訴訟やADRの件数、訴額 ■ 類型間の比較や同一類型の経年比較等を通じ、リスクの高低を客観的に把握（「見える化」）
	潜在的リスク	■ ビジネスモデル・経営戦略や、新たな金融商品、新しい取引手法・取引形態から生じうるリスクを前広に察知 ■ 他社（非金融の事業会社も含む）の不祥事等を参考に、社会規範等から逸脱する潜在的なリスクを前広に捕捉	■ 商品別、部門・拠点別の営業成績等の定量的要素から、その裏側で生じている可能性のある潜在的なコンプライアンス・リスクを把握（例：他と比較して突出した数値となっている場合、社会規範を逸脱した営業行為が行われていないか） ■ コンプライアンスに関連する不祥事や法改正の動向等を分析することを通じ、リスクの高低を客観的に把握

（注）　筆者作成。

横断的・総合的に分析し、根本原因の分析・除去を行う枠組みを導入することが有用といえます。このような部門横断的な枠組みの構築をコンプライアンス部門のみで行うことには限界があり、経営トップやコンプライアンス担当役員等、経営陣の関与も必要といえます。

　(ウ)に関しては、新規のビジネスモデル・経営戦略や、これらに基づく新商品・サービス等を定性的に分析する方法のほか、商品・サービス別の売上高・営業実績の定量分析等を通じて、突出した売上・営業実績等の背後にある潜在的なコンプライアンス・リスクを捕捉していく方法が考えられます。また、法令違反はないが社会的批判を浴びた結果企業価値を大きく毀損したような近時の不祥事（非金融の事業会社の事例も含む）の定性分析や、これらの事例や国内外の法改正の動向等をふまえたリスクの発生可能性・影響度等の定量分析等を通じて、潜在的なリスクの所在およびその高低を把握していくといった方法も考えられます。

この節のポイント

- ✓ 実質・未来・全体志向のコンプライアンス・リスク管理においては、法令等のみならず、その背後にある趣旨や、社会規範、利用者保護、市場の公正・透明等、より幅広い視野でコンプライアンス・リスクをとらえていく必要が生じてきます。

- ✓ このようなコンプライアンスの守備範囲の拡大に対し、限られた経営資源のもとで実効的かつ効率的なコンプライアンス・リスク管理を行っていくには、ルールベースからリスクベースの管理態勢へと、その発想を転換していくことが重要となります。

- ✓ コンプライアンス・リスク管理基本方針におけるリスクベース・アプローチとは、各金融機関が、(i)費用対効果や、法令の背後にある趣旨等をふまえたうえで、(ii)自らのビジネスにおいて、利用者保護や市場の公正・透明に重大な影響を及ぼし、ひいては金融機関自身の信頼を毀損する可能性のある重大な経営上のリスクの発生を防止することに重点を置いて、(iii)リスクを特定・評価し、これを低減・制御するためのプロセスを実行に移すこと、とされています。

- ✓ リスクベース・アプローチの発想自体は、金融機関における他のリスク管理においても用いられていますが、ルールベースの発想が強かったコンプライアンス・リスク管理においてリスクベースの発想を導入するには、①これまで法令や監督指針・金融検査マニュアル等に基づき実施してきた実務のうち、どの部分を低リスクとして簡素化すればよいか判断しづらい、②そもそも、いかなるリスクがコンプライアンス・リスクに該当し、その高低をいかに評価するか等、コンプライアンス・リスクの特定・評価の手法や具体的な指標・判断基準等を設定できない、といった課題に直面することが想定されます。

- ✓ ①に関しては、実態把握の過程で得られた事例や共通課題等の金融庁からのフィードバック・公表に留意しながら、同様の規模・特性を有する他の金融機関の取組みを参考とすることが有用といえます。

- ②に関しては、㋐金融機関の事業に関して適用される法令を洗い出し、その法令に対する違反が生じうる業務を特定する、㋑利用者保護や市場の公正・透明に影響を及ぼし、金融機関の信頼を大きく毀損する可能性のある事象を洗い出す、㋒生じた問題事象への事後対応のみに集中するのではなく、さまざまな環境変化を感度よくとらえ、潜在的な問題を前広に察知する、といった手法につき、定性分析・定量分析を組み合わせながら、総合的に検討することが重要となります。
- ㋐に関しては、事業者に適用される法令を洗い出し、これらの違反の発生可能性およびレピュテーション・リスクも含む影響度ならびにその大小を特定・評価することが考えられます。
- ㋑に関しては、法令違反等として顕在化してはいないが、事務ミスや苦情、訴訟・ADR、内部通報、ハラスメント等のかたちで顕在化し始めている「ヒヤリ・ハット事例」につき、定性・定量分析を組み合わせながら、総合的・横断的に検証し、共通する根本原因を除去することが重要となります。
- ㋒に関しては、新規のビジネスモデル・経営戦略や、これらに基づく新商品・サービス等を定性的に分析する方法のほか、商品・サービス別の売上高・営業実績の定量分析等を通じて、突出した売上・営業実績等の背後にある潜在的なコンプライアンス・リスクを捕捉していく方法が考えられます。このほか、非金融の事業会社の事例も含め、法令違反はないが社会的批判を浴びた結果企業価値を大きく毀損したような近時の不祥事の分析を通じた潜在的リスクの所在・高低の把握も有用といえます。

第 5 節

当局による検査・監督

　最後に、コンプライアンス・リスク管理基本方針は、当局の検査・監督もリスクベースで行うことを前提とし、①多様で幅広い情報収集、②モニタリング課題の設定、③モニタリング方針の策定およびモニタリングの実施、④当局の問題意識の発信、⑤モニタリングに関する態勢整備、につき触れています。

　これらの記載は、当局の検査・監督の動向や基本的考え方を理解するうえで重要であるほか、金融機関がリスクベース・アプローチに基づくコンプライアンス・リスク管理態勢を構築するうえでも参考となる記載が含まれています。

(1)　多様で幅広い情報収集

　たとえば、①多様で幅広い情報収集に関し、(ⅰ)メディア報道や外部からの照会等、(ⅱ)当局等への苦情・相談事例、(ⅲ)一般事業会社を含む国内外の不祥事、(ⅳ)国内外の法令・制度の改正や判例の動向、(ⅴ)海外当局や国際機関における議論の動向、(ⅵ)経済・社会環境の変化（SDGsへの注目の高まり等）が情報収集の例としてあげられています（13頁）。これらの情報は、金融機関による幅広いリスクの捕捉・把握にも役立つと考えられます。

　すなわち、(ⅳ)国内外の法令・制度の改正や判例[60]の動向の分析は、金融機関における幅広いリスクの捕捉および把握の手法（上記第4節(2)(ｱ)の方法）とも共通します。

　また、(ⅱ)当局等への苦情・相談事例に関する情報収集は、金融機関による事務ミス・苦情等の横断的・総合的分析（上記第4節(2)(ｲ)の方法）にも通ずるものがあります。金融機関は、金融当局に寄せられた自らに対する苦情・

相談事例につき金融当局から情報提供があった場合には、自らが把握している苦情等とあわせて分析し、対応することが必要となります。金融当局への苦情・相談は、自らが用意している苦情・相談のチャネルで処理しきれなかった可能性、あるいは根本原因が除去できずに新たな苦情事案が発生している可能性を示唆するものといえます。したがって、金融当局から苦情・相談事例の指摘があった場合も、場当たり的な対応や手続加重にとどまることなく、根本原因分析およびその除去を行うことがよりいっそう重要となります。他方、他の金融機関に係る当局等への苦情・相談事例については、金融当局からの各種レポートや業界団体との意見交換等でその問題意識が発信されることも考えられるため、この点においても、金融機関としてはこれらの金融当局からの発信に留意していくことが必要となります。

さらに、(ⅰ)メディア報道や外部からの照会等、(ⅲ)一般事業会社を含む国内外の不祥事の情報収集は、金融機関がコンプライアンスに関連する不祥事や法改正の動向等の分析等を通じて潜在的なリスクの所在およびその高低を把握していく方法（上記第4節(2)の(ウ)の手法）とも共通します。コンプライアンスの外延が、社会規範、利用者保護、市場の公正・透明へと拡張してくると、持続可能な開発目標（SDGs：Sustainable Development Goals）とも関係してくる側面があり、金融機関としても、(ⅵ)経済・社会環境の変化（SDGsへの注目の高まり等）に留意していくことが必要となります[61]。(ⅴ)海外当局や国際機関における議論の動向は、海外において業務を展開する金融機関等、

---

[60] 金融法に関する判例のほか、民法・会社法・労働法等、事業会社一般に適用される判例についても、幅広く検証し、自らの業務や企業文化等に与える影響等を検討していくことが重要といえます。

　ただし、裁判所で確定判決が出されるのは事象が生じてから数年以上経過した後のこともありますし、裁判における法的検討の結果違法はないとされた論点についても、金融機関として妥当・適切でない等として社会的批判を受け、結果として企業価値の毀損につながる可能性もないとはいえません。金融機関としては、このような可能性にも留意しながら、判例の分析や裁判に関する報道等に目を配っていくことが重要と考えられます。

[61] なお、金融庁は、金融当局や金融機関のSDGsに関する取組みに関し、「金融行政とSDGs」として公表しています（https://www.fsa.go.jp/policy/sdgs/FSAStrategyforSDGs.pdf（2018年6月）、https://www.fsa.go.jp/policy/sdgs/FsaStrategyforSDGs_rev.pdf（2018年12月））。

海外当局の規制を受ける金融機関はもちろんのこと、それ以外の金融機関においても、今後のわが国におけるコンプライアンスに関する議論や動向を知るうえで有用といえます[62]。

(2) モニタリング課題の設定

②モニタリング課題の設定においては、ビジネスモデル・経営戦略、業務運営および組織態勢をふまえた分析の必要性や、既に顕在化しているリスクのみならず、将来顕在化する蓋然性のあるリスクも含めた分析・課題設定等、金融機関のコンプライアンス・リスク管理にも相通ずる手法が記載されています。金融当局による対話・議論の相手方として、各部門の責任者のほか社外取締役が明示されており、この点においても社外取締役によるコンプライアンス・リスク管理への関与は重要といえます。

また、特定の金融機関につき、類似の苦情が多数または中長期にわたって継続的に寄せられている場合、苦情内容に一定の傾向がある場合等も留意が必要としたうえで、「個別の内容にとどまらず、断続的に寄せられる類似の情報の過去数年間の傾向を考慮するとともに、膨大な情報等の分析にはITの活用を図っていく」としています（13頁）。これらの記載は、個別の内容に係る定性分析のみならず、経年比較（垂直比較）等の定量分析も併用することの重要性を示唆しており、金融機関自らが行う苦情分析等にも参考となります。

(3) モニタリング方針の策定およびモニタリングの実施

コンプライアンス・リスク管理方針では、モニタリング方針の策定およびモニタリングの実施につき、（実態把握および目線の構築）→（方針の策定）→（方針の見直し）→（モニタリングの実施）の順に説明しています

---

[62] たとえば、金融安定理事会（FSB：Financial Stability Board）は、2015年に「ミスコンダクト削減のための作業計画」を策定して以降、コンダクト・リスクに関する文書を複数公表しています（http://www.fsb.org/）。また、英国の金融行為規制機構（FCA：Financial Conduct Authority）は、コンダクト・リスクに関する文書や金融機関の取組み等を公表しています（https://www.fca.org.uk/）。

(14、15頁)。プロセス相互および各プロセス間でPDCAサイクルに基づく検証・実施を行うことを想定しており、こうした取組みは、リスクベース・アプローチに基づく金融機関のコンプライアンス・リスク管理の実効性向上にも参考となると思われます。

　なお、(方針の策定)に関し、「モニタリングの対象とする金融機関は、リスクが高いと考えられる金融機関や、今後リスクが高まる可能性がある金融機関を中心に選定する」として、リスクベースでモニタリング方針を策定することを明らかにしています[63]（14頁）。

(4) 当局の問題意識の発信

　金融当局が問題意識等を随時発信し、金融機関との共有を図っていく点については、コンプライアンス・リスク管理基本方針の該当箇所でこれまでも論じられてきましたが、同基本方針は、当局による検査・監督について示した第4章でもあらためて説明しています。

　具体的には、①各種レポート[64]や②業界団体との意見交換[65]等の場を通じ、モニタリング課題の設定、モニタリング方針の策定、モニタリングの実施といったモニタリングの一連のプロセスにおいて、金融庁の問題意識等を随時発信するのみならず、モニタリングの結果として得られた有益な気づきや問題意識（問題事案から得られた教訓や先進的取組事例の紹介を含む）につい

---

[63] この点に関連し、コンプライアンス・リスク管理基本方針14頁では、「前回の立入検査等から期間が経過している等、当局の予見が困難な問題事象が生じている可能性の高まっている場合には、相対的にリスクが高い金融機関と捉え、その点を含むリスク分析の結果を踏まえ、立入検査の実施を優先的に検討する」と記載されています。金融当局によるリスクベース・アプローチにおいて、前回立入検査等からの期間の経過が、当該金融機関のリスクの高低を判断する一要素として考慮されることが想定されます。

[64] 平成30事務年度においては、PDCAサイクルに基づく業務運営を強化する観点から、従来の「金融レポート」と「金融行政方針」を統合し、「変革期における金融サービスの向上にむけて～金融行政のこれまでの実践と今後の方針（平成30事務年度）～」として公表されています（https://www.fsa.go.jp/news/30/For_Providing_Better_Financial_Services.pdf）。

[65] 業界団体との意見交換会において金融庁が提起した主な論点については、金融庁ウェブサイトからも確認することができます（https://www.fsa.go.jp/common/ronten/index_2.html等）。

ても、モニタリング対象となった金融機関へのフィードバックのみならず、対外的に発信して金融機関との共有を図っていくとされています。また、重点的にモニタリングを行った特定の課題等について、③その結果や今後の課題・着眼点等を必要に応じ公表していくとされています[66]（15、16頁）。

(5) モニタリングに関する態勢整備

　金融当局による実効的なモニタリングのためには、当局側の態勢整備のほか、これを担当する人材の育成も重要となります。この点に関し、コンプライアンス・リスク管理基本方針は、①金融機関のビジネス、経営管理、リスク分析・計測やIT等に関する知識、②国内外の法令・制度の変化を含む多様で幅広い情報を収集・分析し、金融機関の潜在的リスクや課題を抽出する能力、③物事の軽重を判断できる能力、④金融機関の経営陣と十分なコミュニケーションを図ることのできる対話力等、当局が志向する人材像を明らかにしています（16頁）。こうした人材像は、金融機関が追い求めるコンプライアンス・リスク管理に係る人材像としても参考となります。

　また、内外の重要な問題事例のケーススタディとしての研修への活用や、モニタリング過程で得られた各種情報等の蓄積・将来のモニタリングへの活用等を通じた態勢整備・組織文化醸成の手法（16頁）は、他社の不祥事の研修への活用や、自社の過去の不祥事・「ヒヤリ・ハット事例」等の分析・検証等といった方法により、金融機関の態勢整備や企業文化の醸成にも当てはめていくことが可能と考えられます。

---

[66] たとえば、内部監査をはじめとする地域金融機関に対するモニタリングで明らかとなった課題については、金融庁「平成29事務年度　地域銀行モニタリング結果取りまとめ」（2018年7月13日、https://www.fsa.go.jp/news/30/ginkou/20180713-2/20180713-2-2.pdf）として公表されています。

　このほか、サブリース契約を伴う投資用不動産向け融資の際の不動産業者や金融機関による不正行為が確認された事実を受け、アパート等のサブリースに関連する注意喚起を発出しています（2018年10月、https://www.fsa.go.jp/news/30/ginkou/20181026/20181026.html）。金融庁は、この点に関し、「横断的アンケート調査や検査も活用しつつ、深度あるモニタリングを実施する」としており（金融庁、前掲注64・8頁等参照）、こうしたモニタリングの結果が今後公表されることも想定されます。

(6) 検査・監督にあたっての留意点

　最後に、コンプライアンス・リスク管理基本方針は、コンプライアンス・リスク管理が適切に行われない場合に経営に重大な影響をもたらし、またその信頼を大きく毀損する不祥事が発生しうることを前提としながらも、ビジネスモデル・経営戦略自体は金融機関自身の自主的な経営判断に委ねられ、金融機関自身の判断を尊重する必要があることをあらためて確認したうえ、当局による金融機関の経営陣等との対話・議論の基本的な目的につき、「多様で幅広い情報収集等を通じてリスクの顕在化に関する端緒や気づきを得た際に、それを金融機関と共有することにより、金融機関の企業価値を大きく毀損するような不祥事等の発生を未然に防止することにある」としています（17頁）。

　また、コンプライアンス・リスク管理基本方針は、検査・監督基本方針やコンプライアンス・リスク管理基本方針の策定等によっても「金融上の行政処分について[67]」は維持されることを前提としたうえ、行政処分を行うには、法令に照らして、利用者保護や市場の公正・透明の確保に重大な問題が発生している事実が客観的に確認され、その主な原因が金融機関の内部管理態勢やガバナンスの不備にあることが必要としています（17頁）。したがって、今後も、コンプライアンス・リスク管理基本方針の個々の記載に反するといった理由のみで直ちに行政処分がなされるわけではなく、コンプライアンス・リスク管理基本方針の記載内容やその趣旨等もふまえながら、行為の重大性・悪質性、背景となった経営管理態勢および業務運営態勢の適切性等、「金融上の行政処分について」に掲げる事項を検証・勘案のうえ、業態ごとに適用される個別の業法上の規定（たとえば、銀行法26条1項「業務の健全かつ適切な運営を確保するため必要があると認めるとき」）への該当性が判断されることになると考えられます。

---

[67] https://www.fsa.go.jp/common/law/guide/syobun.html

この節のポイント

- ✓ 当局によるコンプライアンス・リスク管理に係る検査・監督の動向は、金融機関がリスクベース・アプローチに基づくコンプライアンス・リスク管理態勢を構築するうえでも参考となります。
- ✓ 金融当局が行う多様で幅広い情報収集やモニタリング課題の設定の手法は、苦情分析等、金融機関によるリスクベース・アプローチに基づく幅広いリスクの捕捉および把握にとっても参考となります。
- ✓ モニタリング方針の策定およびモニタリングの実施の過程で金融当局が実施するPDCAサイクルに基づく検証・実施は、リスクベース・アプローチに基づく金融機関のコンプライアンス・リスク管理の実効性向上にも参考となります。
- ✓ ①各種レポートや②業界団体との意見交換、③重点的にモニタリングを行った特定の課題等の結果や今後の課題・着眼点等、金融当局による問題意識の発信に絶えず留意し、金融機関のコンプライアンス・リスク管理に採り入れていくことが重要といえます。
- ✓ 当局による人材育成・研修等のモニタリングに関する態勢整備は、金融機関のコンプライアンス・リスク管理においても参考となります。

第 3 章

金融機関ごとのコンプライアンス・リスク管理上の課題

第 2 章第 1 節(3)でも述べたとおり、コンプライアンス・リスク管理基本方針は、当局が検査・監督権限を有するすべての金融機関が対象となります。もっとも、具体的に講ずべきコンプライアンス・リスク管理に係る施策は、金融機関の規模・特性等に応じて異なるところ、金融機関としては、同種の規模・特性を有する金融機関のプラクティスを参考とすることも有用と考えられます。

　以下では、規模・特性が共通する金融機関ごとに、留意すべきポイントをいくつか触れていきたいと思います。

第 1 節

金融グループとして活動する金融機関

(1) グループ会社管理

　複数の金融機関がグループを形成している金融グループにおいては、グループ・ベースのコンプライアンス・リスク管理態勢を構築・運用することが重要となります。グループで共通の商号やブランド名を使用しているような場合には、グループ内の1つの金融機関で生じた不祥事が、グループ全体の企業価値を毀損し、レピュテーション上の問題を惹起する事態も否定できません。会社法上も、親会社の取締役会に対し、企業集団の業務の適正を確保するための体制を確保することが義務づけられています（会社法362条4項6号、会社法施行規則100条5号）。また、2017年の銀行法改正により、銀行や銀行持株会社による銀行グループの経営管理が明文化され、「経営管理」の一つとして、「業務の執行が法令に適合することを確保するために必要なもの」が明示されることとなりました（銀行法16条の3第2項3号、52条の21第3項3号）。

　コンプライアンス・リスク管理基本方針においても、「金融グループにおいては、全体を統括する経営陣が、グループのコンプライアンス・リスク管理態勢の構築・運用を整備して、経営方針の実施に伴うリスクを的確に捕捉及び把握し、リスクが顕在化した際に適切に対応できる態勢を構築し、運用することが重要」としています（8頁）。

　具体的には、リスクベース・アプローチに基づき、グループ内のリスクを的確に把握しながら、グループ内でコンプライアンス・リスクが高い子会社等[1]を特定し、これに対して適切なコントロールを講じていく方法が考えられます。グループ内のコンプライアンス・リスクの特定・評価にあたって

は、平時および有事に親会社に適切に情報が集約される情報収集・レポーティング態勢を構築することが重要となります。

　また、子会社によるコンプライアンス・リスクの低減方法としては、子会社の内部統制の運用状況を監視・監督するほか、子会社の規模・特性やリスクの大小等によっては、親会社が子会社の内部統制構築に関与したり、コンプライアンス・リスク管理に係る業務を一部代行したりすることも考えられます[2]。

　このほか、企業グループで不正や不祥事に関する情報を集約し、また子会社ごとに制度を構築する労力・コストを削減する見地からは、親会社の内部通報窓口をグループ全体の内部通報窓口としても活用する方法も考えられます。

(2) 海外拠点管理

　グループ内に海外の支店・子会社等の海外拠点を有する金融グループにおいては、上記(1)のグループ会社管理の枠組みにおいて、海外において生ずるコンプライアンス・リスクも含めて捕捉・管理していくことが重要となります。コンプライアンス・リスク基本方針も、この点に関し、「国・地域の異同を踏まえて行われる必要があり、国・地域によって法令・制度や海外当局の方針等は異なり得るものの、リスクはグループ全体が負うものであること

---

[1] 管理の対象とすべき「グループ会社」の範囲については、資本関係を前提としながら、当該「グループ会社」が有するリスクの高低およびこれが顕在化した場合の影響度等も勘案して判断すべきと考えられます。仮に会社法上や各種業法上の子会社に該当していない場合であっても、グループ会社間の業務提携等により協働して商品・サービスを提供しているような場合、グループ会社の問題事象がグループ全体の企業価値の毀損等を招くことも考えられます。このような場合には、当該商品・サービスの特質等も勘案しながら、当該グループ会社の管理対象への組入れおよび管理の方法等を実質的に検討することも考えられます。

[2] なお、親会社が子会社から対価を受領して子会社の依頼を受けて法律業務を行うことについては、弁護士・弁護士法人でない者による法律事務の取扱い等を禁ずる弁護士法72条との関係が問題となります。この点に関しては、法務省大臣官房司法法制部が2016年6月に「親子会社間の法律事務の取扱いと弁護士法第72条」と題する文書を公表し（http://www.moj.go.jp/content/001185737.pdf）、一定の場合には反復的かつ対価を伴うものであっても同条に違反しない旨が明示されています。

から、最終的には、経営陣の関与を前提とした本社による実効的な統制がなされていることが重要」としています（9頁）。

　基本的な枠組みは上記(1)のグループ会社管理と同様ではあるものの、海外の法制度や海外当局の方針等を理解したうえで、グローバル・ベースでリスク評価を行う必要がある点において、その難易度や複雑性は国内にとどまる場合よりも高くなることが想定されます。コンプライアンスの外延として社会規範やステークホルダーの要請等も遵守していく必要があることになると、国内グループ会社とは異なる海外グループ会社に求められる社会規範やステークホルダーの要請を的確に把握していくことが必要となり、文化的・宗教的・歴史的経緯や慣習の違いにも配慮を要することとなります。M&Aにより新たに海外の金融機関をグループ会社とした場合等には、異なる企業文化がすでに形成されている海外金融機関に対し、いかにしてグループ会社の企業理念やこれに基づくコンプライアンス・リスク管理態勢を浸透させていくか、といった課題にも直面します。

　親会社としては、グループ・コンプライアンス担当役員を設置する等して、経営陣の主導のもと、海外拠点に対する企業理念の浸透、海外拠点に適用される法規制や社会規範・ステークホルダーの要請の理解、海外拠点からの平時および有事の情報収集等のコンプライアンス・リスク管理態勢をいかに実効的に構築・運用していくかが課題となると考えられます。

この節のポイント

✓ 複数の金融機関がグループを形成している金融グループにおいては、グループ・ベースのコンプライアンス・リスク管理態勢を構築・運用することが重要となります。

✓ グループ内のコンプライアンス・リスクの特定・評価にあたっては、平時および有事に親会社に適切に情報が集約される情報収集・レポーティング態勢を構築することが重要となります。

✓ 子会社によるコンプライアンス・リスクの低減方法としては、子会社の内部統制の運用状況を監視・監督するほか、子会社の規模・特性やリスクの大小等によっては、親会社が子会社の内部統制構築に関与したり、コンプライアンス・リスク管理に係る業務を一部代行したりすることも考えられます。

✓ グループ内に海外の支店・子会社等の海外拠点を有する金融グループにおいては、海外において生ずるコンプライアンス・リスクも含めて捕捉・管理していくことが重要となります。

✓ 親会社としては、グループ・コンプライアンス担当役員を設置する等して、経営陣の主導のもと、海外拠点に対する企業理念の浸透、海外拠点に適用される法規制や社会規範・ステークホルダーの要請の理解、海外拠点からの平時および有事の情報収集等のコンプライアンス・リスク管理態勢をいかに実効的に構築・運用していくかが課題となります。

第2節

地域金融機関

　地域金融機関においては、低金利環境の継続や人口減少、高齢化の進展等により取り巻く環境が年々厳しさを増しており、持続的なビジネスモデルを構築することが喫緊の課題となっています[3]。コンプライアンス・リスク管理がビジネスモデルや経営戦略と密接に結びつき、経営の根幹をなすものであることからすると、地域金融機関が置かれている上記の事業環境を十分に理解することは、コンプライアンス・リスク管理の観点からも重要となります。

　具体的には、リスクの捕捉・把握において、低金利環境にもかかわらず他の金融機関や同一金融機関内の他の拠点と比較して突出した収益をあげている特定の商品・サービスや拠点がある場合には、当該商品・サービスの販売や特定の拠点において過度なプレッシャーや営業姿勢がみられ、これがステークホルダーの信頼を損ない、不正や不祥事の温床となっていないか、といった視点も有用と考えられます。

　また、地域金融機関においては、当該地域出身のプロパーの役職員が多く、リソースが限られているという共通の課題があり、人材ローテーションやいわゆる「1.5線」の取組み等、限られた経営資源のなかでコンプライアンス・リスク管理態勢を実効的なものとしていく工夫を施していくことが重要となります。地域出身のプロパー役職員が多いことにより、役職員の「同質性」により「社内の常識」と「世間の常識」が乖離していく可能性にも留意しなければなりません。このような場合、世間の常識を反映させる存在として、社外役員を積極的に登用して機能発揮を促すことが有用と考えられま

3　金融庁、第2章注47・1頁参照。

すが、地域金融機関においては、金融機関のコンプライアンスにも精通し、かつ独立性も認められる社外役員等の候補者をいかに確保するか、といった課題にも直面します[4]。

　なお、海外展開等を行っていない場合であっても、金融機関がグループを形成している場合には、地域金融機関においても上記第1節のグループ会社管理を行う必要がある点には、留意を要します。地域金融機関の統合等が相次ぐなか、これを束ねる銀行持株会社の「経営管理」の一環としていかに実効的なグループ・コンプライアンス態勢を構築していくかは一つの課題であり、こうした点においても地域金融機関をめぐる経営環境が影響を及ぼしているといえます。また、外国送金等、海外との取引を行っているような場合には、海外の法規制や海外当局による制裁が適用される可能性がある点に留意が必要となりますし、コンダクト・リスク等、海外当局の議論の動向がわが国の金融機関にも関係を有してくることがありますので、地域金融機関としては海外に拠点を有していない場合であっても、海外の動向にも配慮することが必要となります。

　上記のような点は、地域金融機関が共通して有している課題ということができると思われます。地域金融機関としては、金融当局から提供される事例やプラクティス等を参考にするほか、業態内で意見交換等をしながら、規模・特性に見合ったベター・プラクティスを模索していく方法も有用と考えられます。

---

[4] 独立社外取締役の「独立性」の判断基準については、東京証券取引所が「上場管理等に関するガイドライン」において、「独立性に関する基準」を制定しており、独立性なしとされる場合として、「当該会社を主要な取引先とする者もしくはその業務執行者または当該会社の主要な取引先もしくはその業務執行者」「当該会社から役員報酬以外に多額の金銭その他の財産を得ているコンサルタント、会計専門家または法律専門家（当該財産を得ている者が法人、組合等の団体である場合は、当該団体に所属する者をいう）」「最近においてaからcまでに該当していた者」等が掲げられています。地域の代表企業の役員経験者や当該金融機関の顧問の外部専門家等は、社外取締役の有力候補となりうるものの、独立性が認められるかが問題となります（香月裕爾・杉山大幹・古川綾一『地方銀行のコーポレートガバナンス戦略』（金融財政事情研究会、2018年）66～70頁参照）。

この節のポイント

- ✓ 地域金融機関においては、低金利環境の継続等、取り巻く環境やビジネスモデルをふまえたコンプライアンス・リスク管理態勢を構築することが重要となります。
- ✓ 地域金融機関においては、当該地域出身のプロパーの役職員が多く、リソースが限られているという課題があるほか、「同質性」により「社内の常識」と「世間の常識」とが乖離する可能性にも留意し、これをいかに解消していくかが課題となります。
- ✓ 海外展開等を行っていない場合であっても、金融機関がグループを形成している場合には、地域金融機関においてもグループ会社管理を行う必要があるほか、海外の法規制・制裁や海外当局の議論の動向が及ぼす影響等にも配慮することが必要となります。
- ✓ 地域金融機関が共通して有している課題については、金融当局から提供される事例やプラクティス等を参考にするほか、業態内で意見交換等をしながら規模・特性に見合ったベター・プラクティスを模索していく方法も有用と考えられます。

第 3 節

フィンテック等に関する課題

(1) 既存の金融機関がフィンテックを活用する場合

　近年、ITの進展等により、金融サービスを個別の機能に分解して提供（アンバンドリング）する動きや、複数の金融・非金融のサービスを組み合わせて提供（リバンドリング）する動きが一段と広がりつつあり、IT企業やフィンテックに関するスタートアップ企業等の新たなプレイヤーが、リテール分野の決済サービスなどに特化してサービスを提供するといった例がみられています[5]。

　サービスコストを負担しながら一連の金融機能をフルラインで提供してきた既存の金融機関は、こうした流れを受けて、フィンテックを用いた新たな金融商品・サービスや新しい取引手法・取引形態の導入等を進めています。金融機関においては、こうした事業環境[6]や、事業環境をふまえて採用するビジネスモデル・経営戦略等から生ずる新たなリスクにも、留意していくことが必要となります。

　既存の金融機関においては、自らIT技術を導入するほか、フィンテック

---

[5]　金融審議会金融制度スタディグループ「中間整理—機能別・横断的な金融規制体系に向けて—」（2018年6月19日、https://www.fsa.go.jp/singi/singi_kinyu/tosin/ 20180619/chukanseiri.pdf）3頁参照。

[6]　この点に関しては、金融庁、第2章注64・3頁においても、「デジタライゼーションの加速的な進展への対応～金融デジタライゼーション戦略～」として、「デジタライゼーションの進展により、新しいプレイヤーが金融分野に進出するとともに、革新的なサービスが生まれ、利用者利便を飛躍的に向上させていくことが期待されている。デジタル化された情報が金融・非金融サービスを問わず活用され、利用者目線での金融サービスの高度化が可能となる中、既存の金融機関には、より利用者ニーズに即した金融サービスを提供できるよう、そのビジネスモデルを顧客起点で変革していくことが求められている」とされています。

企業と連携・協働する動きもみられています。金融機関は、これまでも監督指針や金融検査マニュアル等で顧客保護等管理態勢の一環として求められている外部委託先管理を実施してきており、フィンテック企業との連携・協働の際にも従前の外部委託先管理の枠組みで管理している金融機関もあるのではないかと思われます。もっとも、金融機能のすべてをフルラインで提供している金融機関が一部の業務をアウトソースするといった従前の「タテ（垂直）」の外部委託とは異なり、金融機能がアンバンドリング化するなか、その一部を担うフィンテック企業との「ヨコ（水平）」の連携・協働を志向する場合、書面による点検と立入検査による従前の「タテ（垂直）」の外部委託管理の枠組みが十分に機能しないことも考えられます。既存の金融機関としては、意思決定のプロセスやスピード等、異なる企業文化を有するフィンテック企業やスタートアップ企業等といかに円滑に連携・協働していくかといった課題に直面することも考えられます。

また、電子決済等代行業に係る2017年の銀行法令の改正等に基づき、既存金融機関との間でオープンAPI[7]を活用した電子決済等代行業者[8]との連携・協働が進められています。こうした新たな業態との連携・協働に際しては、銀行法上の登録の有無[9]や、銀行法令等[10]に基づく態勢整備等についても管理していく必要があり、従前の外部委託先管理とは異なる管理の方法が必要とも考えられます。

---

[7] 銀行のAPI（Application Programming Interface）とは、銀行以外の者が、銀行システムに接続し、その機能や管理する情報を呼び出して利用するための接続方式等を指し、このうち、銀行が、外部のフィンテック企業等にAPIを提供し、銀行システムの機能を利用できるようにすることを「オープンAPI」といいます（片岡義広・森下国彦編『Fintech法務ガイド［第 2 版］』(2018年、商事法務) 294頁参照）。

[8] 電子決済等代行業者は、①銀行に利用者の決済指図を伝達する「第一号業者」と、銀行から口座に係る情報を取得して利用者に提供する「第二号業者」とに大別されます（銀行法 2 条17項 1 号・ 2 号）。

[9] オープンAPIによらず、従前どおりの「スクレイピング」（利用者の口座等の認証情報（IDやパスワード）を預かり、利用者に成り代わって銀行システムにアクセスする方法、片岡・森下編、前掲注 7 ・307頁）によることも許容されますが、この方法による場合であっても、銀行法上の電子決済等代行業者の登録が必要となるため、金融機関としては、このような「スクレイピング」業者が電子決済等代行業者の登録をしているか否かについても確認することが必要となりえます。

既存の金融機関としては、連携・協働によって行う業務内容をふまえたうえで、こうした新たな「ヨコ（水平）」の連携・協働先から生ずるリスクを前広に捕捉・把握しながら、管理していくことが重要と考えられます[11]。このようなフィンテック企業を含む第三者との連携・協働の管理にあたっても、リスクベースで管理する方法が有用といえます。すなわち、事業環境やビジネスモデル・経営戦略等もふまえながら、金融機関とかかわりのある第三者との関係で生ずるリスクを洗い出したうえで特定・評価し、必要に応じて共通するリスクを類型化する等しながら、リスクに見合った低減措置を講じていくことが有用と考えられます[12]。

(2) 非金融の事業会社・フィンテック企業等が金融業務を行う場合

　他方で、非金融の事業会社やフィンテック企業等が業法上の免許や登録を取得して金融業務に進出する場合、金融機関に対して課せられる業法や監督指針等の規制を遵守する必要があるほか、提供するサービスに対するステークホルダーの期待や要請を意識しながら、業務の公共性をふまえた高次の社会規範を遵守していくことが重要となります。

　金融サービスのアンバンドリング・リバンドリングの動きのなかには、事業会社を頂点とする異業種グループがグループ内に金融機関を保有し、自らの事業とのシナジー効果を発揮する例などもみられるところですが[13]、金融

10　電子決済等代行業者に対しては、銀行法52条の61の8〜52条の61の12等において、①利用者に対する説明、②銀行が営む業務との誤認防止のための情報提供、③為替取引の結果の通知、④情報の安全管理等、⑤委託業務の的確な遂行の確保、⑥銀行との間の契約締結義務、⑦帳簿書類の作成義務等が課せられているほか、電子決済等代行業者の登録申請時においても、その態勢が審査されることとされています（金融庁「電子決済等代行業者の登録申請時の留意事項等」（2018年5月、https://www.fsa.go.jp/common/shinsei/dendai/01.pdf）等参照）。

11　能勢、第2章注14参照。

12　フィンテック企業に対して従来の外部委託先管理を行うことに限界がある点、リスクベースで「サードパーティリスク」を管理していく必要がある点につき、能勢幸嗣「FinTechで露呈する「外部委託先管理」の限界」金融ITフォーカス2018年1月号10頁、http://fis.nri.co.jp/~/media/Files/publication/kinyu-itf/2018/01/itf_201801_5.pdf参照）。

機関のコンプライアンス・リスク管理は一般の事業会社と比較して複雑かつ特殊な面もあり、頂点の事業会社によるグループベースの経営管理によるのみでは十分でないことも考えられます。このような場合、グループ内の金融セクターに関しては他のセクターと異なるグループ管理の枠組みを設け、頂点の事業会社が当該枠組みを監視していくといった方法も考えられます。

また、金融サービスのアンバンドリング・リバンドリングの流れのなかでは、法規制が必ずしも追いついておらず、「決済」「資金供与」「資産運用」「リスク移転」の金融機能のうち、法規制がないまま提供されているものも一部あるように見受けられます。このようなサービスを提供しているフィンテック業者等においても、将来的な企業価値の毀損の防止という観点からすれば、「適用法令がないから何もしなくてよい」といった姿勢ではなく、自らが提供している金融機能に対して求められる社会の要請や、今後想定される法規制の動向等もふまえながら、必要なコンプライアンス・リスク管理態勢を構築していくことが重要と考えられます。

(3) コンプライアンス・リスク管理にフィンテック等を活用する場合

コンプライアンス・リスク管理基本方針は、情報通信技術を活用した効果的で効率的なコンプライアンス・リスク管理についても言及しています。具体的には、①効果的で効率的なコンプライアンス・リスク管理を行う観点から、情報通信技術の活用を図っていくことが期待されること、②戦略的に予算・人員を投入する必要があること、③情報通信技術に対する経営陣の高い意識や理解が求められること、が指摘されています（9頁）。また、当局のモニタリングに関しても、関連する情報収集・リスク分析を行うことのできる態勢の整備について触れたうえ、膨大な情報等の分析にはITの活用を図っていくことにつき触れています（13、16頁）。

具体的にコンプライアンス・リスク管理に情報通信技術を活用する方法と

---

13 金融審議会金融制度スタディグループ、前掲注5・3頁。

しては、(i)事務ミス・苦情等の抽出・報告等の集計・分析に情報通信技術を活用する方法のほか、近時は(ii)苦情等の抽出や優先順位づけ自体にAI等のフィンテックを用いる方法も検討されています[14]。(i)は費用面でメリットがある一方、事務ミス・苦情等の抽出・報告がマニュアル作業となっており、これらを行う者の能力・判断等に依存している点で課題があります。こうした課題は(ii)の方法によれば解消される一方、(ii)は導入時のコストを考慮する必要があるほか、(ii)の方法によっても根本原因分析等については、(少なくとも現時点においては)人の判断に依存せざるをえない面もあります。なんらかのロジックを用いて根本原因分析に情報通信技術を用いる場合であっても、そのような結論に至った理由や背景事象、これらをふまえた改善策等につき、合理的に説明することが可能でなければなりません(判断ロジックの「ブラックボックス化」の防止)。

　金融機関としては、こうしたメリット・デメリットを勘案のうえ、導入の要否およびその内容を検討することが重要となります。

---

[14] 金融庁の「FinTech実証実験ハブ」において、金融機関に数多く作成・蓄積されている金融商品販売時の応接記録や顧客から寄せられるさまざまな声(意見・申し出)の記録に対し、人工知能(AI)がスコアリングしコンプライアンス違反等の確認の優先順位づけを行うことで、確認業務を効率化・高度化できるかが検証されました。
　上記の実証実験の結果、AIを活用する新方法は、現行方法に比し、確認業務の精度は同等以上を維持したうえで、短時間でより多い確認業務を完了でき、AIの活用が確認業務の効率化・高度化に資する可能性があることが示されており、「今後、金融機関による確認業務にAIを適切に活用することにより、金融機関の業務の生産性向上等が期待される」とされています(https://www.fsa.go.jp/news/30/20180801.html参照)。

この節のポイント

- ✓ 金融サービスのアンバンドリング・リバンドリングの流れのなかで、既存の金融機関としては、フィンテックを用いた新たな金融商品・サービスや新しい取引手法・取引形態の導入等を進めるにあたって直面する新たなリスクにも、留意していくことが必要となります。
- ✓ 既存の金融機関がフィンテック企業等と連携するにあたっては、「タテ（垂直）」の関係を前提とした従前の外部委託先管理による手法では限界があり、企業文化の相違も考慮しながら、業務内容をふまえたうえで、「ヨコ（水平）」の連携・協働によって生ずるリスクに見合った管理態勢を構築していくことが重要となります。
- ✓ 非金融の事業会社やフィンテック企業等が金融業務に進出する場合、金融機関に対して課せられる業法や監督指針等の規制を遵守する必要があるほか、提供するサービスに対するステークホルダーの期待や要請を意識しながら、高次の社会規範を遵守していくことが重要となります。
- ✓ 事務ミス・苦情等の抽出や集計・分析等に、情報通信技術やフィンテック等を活用する等、コンプライアンス・リスク管理に情報通信技術の活用を図っていくことが期待されます。複数の方法のメリット・デメリットを勘案のうえ、導入の要否およびその内容を検討することが重要となります。

第4章

金融機関における既存の取組みとの関係・他の参考となる枠組み等

これまでルールベースの傾向が強かったコンプライアンス態勢につき、リスクベースの発想に基づく実効的なリスク管理態勢を導入することに課題がある点は、第2章第4節等で述べてきたとおりです。金融機関としては、実効的なコンプライアンス・リスク管理態勢の構築にあたり、すでに行っているコンプライアンス以外のリスク管理の枠組み等を参考とすることも一つの有用な方法といえます。以下では、この観点から、参考となる取組みや指針等につき、いくつか触れてみたいと思います。

第 1 節

内部統制

(1) 内部統制に関する既存の取組み

　金融機関は、取締役会に内部統制システム構築義務を課す会社法上の要請（会社法362条4項6号・5項）や、財務統制に係る内部統制を評価した報告書の作成を求める金融商品取引法上の要請（金融商品取引法24条の4の4第1項）等を受けて、金融機関ごとに一定の内部統制システムを構築しています。内部統制の考え方は、当初は財務報告や会計監査との関係において進展してきましたが、不祥事防止のためのリスク管理態勢一般においても内部統制の考え方が広く採り入れられるようになっています。コンプライアンス・リスク管理基本方針においても、業務執行を行う役職員全員にコンプライアンス・リスクを浸透させる仕組みを「内部統制の仕組み」とし、①中間管理者の姿勢、②人事・報酬制度、③内部通報制度につき言及しています（5頁）。

　また、企業会計審議会が策定・公表する「財務報告に係る内部統制の評価及び監査の基準」によれば、「内部統制とは、基本的に、業務の有効性及び効率性、財務報告の信頼性、事業活動に関わる法令等の遵守並びに資産の保全の4つの目的が達成されているとの合理的な保証を得るために、業務に組み込まれ、組織内のすべての者によって遂行されるプロセスをいい、統制環境、リスクの評価と対応、統制活動、情報と伝達、モニタリング（監視活動）及びIT（情報技術）への対応の6つの基本的要素から構成される」とされており[1]、内部統制の目的に「事業活動に関わる法令等の遵守」が含まれています。内部統制の考え方をコンプライアンス・リスク管理にも応用して

---

[1] 企業会計審議会「財務報告に係る内部統制の評価及び監査の基準」（2013年、https://www.fsa.go.jp/singi/singi_kigyou/tosin/20110330/01.pdf）2頁。

いくことは、内部統制の目的に資するということができます。

　以下では、内部統制の枠組みとして広く採用され、わが国の実務にも大きな影響を及ぼしているCOSOフレームワークにつき、簡単に説明してみたいと思います。

(2) COSOフレームワーク

　COSO（Committee of Sponsoring Organization of the Treadway Commission：トレッドウェイ委員会支援組織委員会）は、1970年代から1980年代にかけて多くの企業不祥事が発生し、大きな社会問題となった米国において、企業不祥事を防止するとともに、業務の有効性・効率性の確保まで視野に入れた新しいリスク管理の枠組みとして、1992年にCOSO報告書を公表しました。同報告書は、従来は会計監査の分野で用いられていた内部統制（internal control）の用語をより広くとらえ直し、「内部統制とは、業務の有効性と効率性、財務報告の信頼性、コンプライアンスという3つの目的の達成についての合理的保証を提供することを意図した事業体の取締役会、経営者およびその他の構成員によって遂行されるプロセスである」と定義したうえ、①統制環境、②リスクの評価と対応、③統制活動、④情報と伝達、⑤モニタリングの5つの構成要素からなるとしています。同報告書は、2013年に改訂され、内部統制の3つの目的や5つの構成要素に変更はないものの、各構成要素の基礎となる17の原則を新たに示しています[2]。

　コンプライアンス・リスク管理基本方針の各記載には、上記2013年版のCOSOフレームワークとも整合的な記載が複数含まれています。コンプライアンス・リスク管理基本方針の内容や同方針に基づく対応を検討するにあたっては、2013年版COSOフレームワークにおける記載や同フレームワークに基づく既存の対応等を参照することも有用と考えられます。

---

[2] https://www.coso.org/Documents/990025P-Executive-Summary-final-may20.pdf、中村、第2章注6・17～20頁参照。

図表4－1　COSOフレームワークの5つの構成要素と17の原則

構成要素	説明・原則	【参考】コンプライアンス・リスク管理基本方針上の記載
統制環境	内部統制の土台を形成する「人」や「環境」であり、他の構成要素の基礎となり、それらに影響を及ぼすもの 経営者の理念や行動様式、役職員の誠実性や倫理観、取締役会の独立性や構成員の経験と能力、権限と責任の割当てなどが含まれる 1　誠実性と倫理的価値観にコミットする姿勢の明示 2　取締役会の経営者からの独立と内部統制の構築・運営についての監督 3　取締役会の監督のもとに、経営者による組織構造、レポーティング・ライン、権限と責任の確立 4　能力ある者を採用し、教育し、雇用維持することをコミットする姿勢の明示 5　内部統制に関する責任権限の明確化	・経営陣の姿勢・主導的役割（4、5頁） ・中間管理者の姿勢（5頁） ・人事・報酬制度（5頁） ・企業文化（5、6頁） ・外に開かれたガバナンス態勢（6頁）
リスクの評価	リスクを識別し、その発生可能性や頻度や発生した場合の影響の大きさを分析し、企業の目的達成に及ぼす影響を評価すること 6　リスクの識別・評価を可能にするための目的と設定 7　企業目標の達成を脅かすリスクの識別とリスク管理のための分析 8　不正リスクの評価 9　内部統制システムに重要な影響を与える変化の識別と分析	・リスクベース・アプローチ（10頁） ・幅広いリスクの捕捉および把握（11、12頁）
統制活動	内部統制を遂行するための実際のプロセスであり、経営者の命令や指示が適切に実行されることを確保するための方針および手続 10　企業目標の達成を脅かすリスクを許容可能な水準に低減する統制活動の選択と構築 11　企業目標の達成に寄与するIT全般統制の選択と整備 12　方針とそれに対応する手続の整備	・中間管理者の姿勢（5頁） ・人事・報酬制度（5頁） ・内部通報制度（5頁） ・リスクベース・アプローチ（10頁）
情報と伝達	必要な情報が識別、捕捉、伝達され、組織の内外および関係者相互間で共有されることを実現させること 13　内部統制の機能を支援する情報の発信と利用 14　内部統制の機能を支援する情報（その目的と職務を含む）の組織内での伝達 15　内部統制の機能に影響を与える事項についての外部との情報交換	・事業部門による自律的管理（7頁） ・管理部門による牽制（7頁）
モニタリング活動	内部統制が有効に機能しているかどうかを継続的にチェックするプロセス 日常的なモニタリングは、部門責任者による日常業務における管理・監督のなかに組み込まれて実施され、独立して行われるモニタリングは、一般に内部監査部門によって実施される 16　内部統制の構成要素が存在し、機能していることを確認するための日常的および独立的評価の選択、整備、運用 17　内部統制の不備を評価し、是正措置を講じる責任を負う者（経営者および取締役会を含む）への伝達	・事業部門による自律的管理（7頁） ・管理部門による牽制（7頁） ・内部監査部門による検証（7、8頁）

(注)　中村、第2章注6・21頁、阿部・井窪・片山法律事務所編、第2章注28・68～70頁等を参考に筆者作成。

図表4-2　COSOによる内部統制のモデル（「COSOキューブ」）

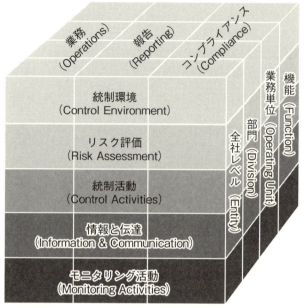

(注)　COSO, Internal Control-Integrated Framework（May 2013）、阿部・井窪・片山法律事務所編、第2章注28・69頁参照。

(3) COSO ERMとの関係

COSOは、上記の内部統制に関する2013年版フレームワークのほか、リスクマネジメントに関する全社的リスクマネジメントとしてCOSO ERM（Enterprise Risk Management）を2004年に公表しています。COSO ERMは、その目的を2013年版COSOフレームワークの3つの目的（「業務」「報告」「コンプライアンス」）に「戦略」を加えた4つとし、構成要素を2013年版COSOフレームワークの5つの構成要素（「内部環境」「リスク評価」「統制活動」「情報と伝達」「モニタリング」）に「目的設定」「事象認識」「リスク対応」を加えた8つとする等、内部統制よりも広範な領域をカバーし、内部統制を重要な構成部分として包含しています[3]。

COSO ERMは、2017年に改訂版が公表され、内部統制に係る2013年版

COSOフレームワークとの関連性の明確化や両者の統合の意見が提案されましたが、結局のところ、2つのフレームワークは別個のものとして維持されています。その結果、①統制活動等、両方のフレームワークに共通の構成要素は内部統制に係る2013年版COSOフレームワークの記載を維持し、COSO ERMには含めない、②内部統制に係る2013年版COSOフレームワークで導入された概念のいくつかをCOSO ERMで発展する等の対応がとられており、両方のフレームワークを熟知することが奨励されています[4]。

　金融機関としては、コンプライアンス・リスク管理態勢の高度化に際してCOSOの議論を参照する際には、2017年に改訂されたCOSO ERMも検討の対象に含める必要があることになります。

3　阿部・井窪・片山法律事務所編、第2章注28・72頁参照。
4　一般社団法人日本内部監査協会ほか監訳『COSO全社的リスクマネジメント　戦略およびパフォーマンスとの統合』（同文舘出版、2018年）249、250頁参照。

この節のポイント

- ✓ 金融機関がすでに実施している内部統制の枠組みは、その目的の一つとしてコンプライアンスを掲げており、コンプライアンス・リスク管理基本方針等に基づく管理態勢の高度化を検討するにあたって、既存の内部統制の枠組みを出発点とすることも有用といえます。
- ✓ コンプライアンス・リスク管理基本方針の内容や同方針に基づく対応を検討するにあたっては、内部統制に関する2013年版COSOフレームワークにおける記載や同フレームワークに基づく既存の対応等を参照することも有用と考えられます。
- ✓ COSOを参照するにあたっては、内部統制を包摂するものとしての2017年版COSO ERMも含めて検討する点に留意が必要となります。

第2節

マネー・ローンダリングおよびテロ資金供与対策

(1) 「マネー・ローンダリング及びテロ資金供与対策に関するガイドライン」

　金融機関は、犯罪収益移転防止法や外為法、これらを前提とする監督指針・金融検査マニュアル等に基づき、マネー・ローンダリングおよびテロ資金供与（以下「マネロン・テロ資金供与」といいます）対策を実施してきました。これまでの対応は、どちらかというと犯罪収益移転防止法・外為法対応といったルールベースの側面が強く、法務・コンプライアンス上の一論点として、あるいは取引時確認に係る事務を所管する事務部門が対応すべき問題として、対応する傾向が強かったように思われます。

　他方、国際的には、自らが直面するマネロン・テロ資金供与リスクを適切に特定・評価し、リスクに見合った低減措置を講じていく、リスクベース・アプローチがとられてきました。マネロン・テロ資金供与対策に係る国際基準を定める政府間会合であるFATF（Financial Action Task Force）も、40の勧告のうちの第一の勧告として、リスクベース・アプローチを国および事業者の双方に対して求めています。FATFは、加盟国に対して相互審査を行うこととされていますが、わが国に対する第4次相互審査が2019年に予定されていること等もあり、わが国の金融機関に対してもリスクベース・アプローチをはじめとするFATF勧告にのっとった対応が強く求められてきています[5]。

　このような状況のなか、金融庁は、2018年2月、金融庁所管のすべての事

5　FATFおよびFATF第4次相互審査については、拙著『マネロン・テロ資金供与リスクと金融機関の実務対応』（中央経済社、2018年）9～21頁参照。

図表4-3 「マネー・ローンダリング及テロ資金供与対策に関するガイドライン」の概要

基本的考え方

- **マネロン・テロ資金供与対策に係る基本的考え方**
  ⇒時々変化する国際情勢等の変化に対して、機動的かつ実効的な対応を実施するためには、自らのリスクを適時・適切に特定・評価し、リスクに見合った低減措置を講ずる「リスクベース・アプローチ」の手法を用いることが不可欠
- **金融機関等に求められる取組み**
  ⇒事業環境・経営戦略、リスクの許容度等をふまえたうえで、実効的な管理態勢を構築し、<u>経営陣の主体的かつ積極的な関与</u>のもと、組織全体としてマネロン・テロ資金供与対策を高度化することが重要
- **業界団体・中央機関の役割**⇒金融機関等の実効的な取組みに資する<u>情報・事例等の共有</u>、システム共同運用の促進
- **本ガイドラインの位置づけ**

RBA

- **リスクの特定**
  リスクの所在を特定する作業。金融機関等の規模・特性等をふまえ、包括的かつ具体的に特定

- **リスクの評価**
  特定したリスクを評価する作業。金融機関等の事業環境・経営戦略等をふまえて、全社的に実施

- **リスクの低減**
  特定・評価したリスクを低減する作業。実際の顧客や取引のリスクに応じて、実効的に低減措置を実施
  （例）顧客管理、取引モニタリング・フィルタリング、疑わしい取引の届出、ITシステムの活用等

- 海外送金等を行う場合の留意点
- FinTech等の活用

管理態勢

- **マネロン・テロ資金供与対策に係るPDCA**⇒マネロン・テロ資金供与対策の方針・手続・計画等を策定、検証、見直し
- **経営陣の関与・理解**⇒マネロン・テロ資金供与対策を<u>経営戦略等</u>における<u>重要な課題</u>に位置づけ、<u>適切な資源配分</u>
- **経営管理**

第1線	第2線	第3線
顧客と接点のある営業部門が、方針や手続等を理解して対応	担当役員等を中心に、管理部門が第1線を継続的モニタリング	マネロン・テロ資金供与対策に係る必要な監査を実施

- **グループベースの管理態勢**⇒グループ全体に整合的なかたちでマネロン・テロ資金供与対策を実施
- **職員の確保、育成等**⇒専門性・適合性等を有する職員の採用、研修による職員の理解の促進

当局

- 金融庁によるモニタリング
- 官民連携⇒業界団体、関係省庁等との連携による情報発信や金融機関等との対話

（出典）「マネー・ローンダリング及びテロ資金供与対策の現状と課題」3頁

業者を対象とする「マネー・ローンダリング及びテロ資金供与対策に関するガイドライン6」（以下「ガイドライン」といいます）を策定・公表しました。ガイドラインは、マネロン・テロ資金供与対策におけるリスクベース・アプローチを「金融機関等が、自らのマネロン・テロ資金供与リスクを特定・評価し、これを実効的に低減するため、当該リスクに見合った対策を講ずること」と定義したうえ、わが国金融システムに参加する金融機関等にとって当然に実施していくべき事項（ミニマム・スタンダード）としています。そのうえで、リスクベース・アプローチの内容およびこれを実施するための管理態勢、これらに関し金融機関に対応が求められる事項等を詳細に規定しています。マネロン・テロ資金供与対策は、その専門性ゆえにコンプライアンス部門から独立した専担部室で対応する傾向もみられるところですが、これまでのルールベースからリスクベースへと視点を転換していくことが求められている点、この点に関して当局からガイドラインやモニタリングの結果7等が公表されており、金融機関の実務や課題等も相応に蓄積されてきている点等から、金融機関がコンプライアンス・リスク管理に関してリスクベース・アプローチを採用するにあたっても、マネロン・テロ資金供与対策に関する取組みを参考とすることは有用と考えられます。

(2) マネロン・テロ資金供与対策におけるリスクベース・アプローチ

ガイドラインは、マネロン・テロ資金供与対策におけるリスクベース・アプローチを「金融機関等が、自らのマネロン・テロ資金供与リスクを特定・評価し、これを実効的に低減するため、当該リスクに見合った対策を講ずること」と定義しており、リスクベース・アプローチを①特定、②評価、③低

---

6 金融庁、第2章注53参照。なお、ガイドラインは、2019年2月、一部改正案が公表され、パブリックコメントに付されています（https://www.fsa.go.jp/news/30/20190213amlcft/20190213amlcft.html）。

7 一例として、金融庁は、2018年8月、「マネー・ローンダリング及びテロ資金供与対策の現状と課題」を公表しています（https://www.fsa.go.jp/news/30/20180817amlcft/20180817amlcft-1.pdf）。

図表 4 – 4　マネロン・テロ資金供与対策におけるリスクベース・アプローチ

○リスクベース・アプローチ……金融機関等が、自らのマネロン・テロ資金供与リスクを①特定・②評価し、これを実効的に③低減するため、当該リスクに見合った対策を講ずること

（出典）　拙著『マネロン・テロ資金供与リスクと金融機関の実務対応』（中央経済社、2018年）33頁

減の3段階に整理しています。もっとも、リスクの所在を把握する①特定とリスクの高低を測定する②評価の作業は実務上同一の作業として実施することも考えられ[8]、コンプライアンス・リスク管理基本方針の整理としての①リスクの特定・評価、②リスクの低減・制御と基本的には相違ないと考えられます。

　マネロン・テロ資金供与対策において、リスクの低減については犯罪収益移転防止法や外為法等に基づく対応であったり、専用の取引モニタリング・

---

[8] 昆野明子・西田勇樹・今野雅司・髙橋良輔・髙橋瑛輝「「マネー・ローンダリング及びテロ資金供与対策に関するガイドライン」の概要」金融法務事情2084号（2018年）11頁参照。

フィルタリングシステムを用いた対応であったりと、マネロン・テロ資金供与対策に特化した低減措置となっており、ガイドラインにおいても、マネロン・テロ資金供与対策に特化した記載が多くなっています。

　これに対し、マネロン・テロ資金供与リスクの特定・評価に関しては、コンプライアンス・リスク管理においても参考となる記載が多く含まれています。特に、リスクの特定・評価にあたって、定性要素のみならず定量要素も考慮し、リスク要因間の比較（水平比較）や同一リスク要因における経年比較（垂直比較）を行うといった手法[9]は、コンプライアンス・リスクの特定・評価にもそのまま当てはまると考えられます。犯罪収益移転防止法上の疑わしい取引の届出やこれを捕捉するための取引モニタリングシステム等、マネロン・テロ資金供与リスクの特定・評価に用いる定量的な指標は既に一定程度蓄積されており、これを活用しやすい環境にあるといえる一方、コンプライアンス・リスク管理については、いまだこのような指標が活用可能な状況にあるとはいえず、またいかなる指標が有用であるかにつき一般的なコンセンサスがあるともいえない状況にあります。金融機関としては、苦情・訴訟・ADRの件数等、コンプライアンス・リスク管理基本方針で示されている定量指標のほか、上記マネロン・テロ資金供与対策における実務等も参考としながら、定量指標の活用によるマネロン・テロ資金供与リスクの特定・評価の手法の高度化を検討していくことが有用と考えられます。

(3)　管理態勢とその有効性の検証・見直し

　ガイドラインは、「管理態勢とその有効性の検証・見直し」として、「マネロン・テロ資金供与対策に係る方針・手続・計画等の策定・実施・検証・見直し（PDCA）」「経営陣の関与・理解」「経営管理（3つの防衛線等）」「グループベースの管理態勢」「職員の確保、育成等」について触れています。これらは、リスクベース・アプローチを「下支え」するものである[10]とともに、リスク管理態勢全般に当てはまる事項であり、コンプライアンス・リスク管

9　ガイドライン9頁、拙著、前掲注5・38〜40頁、53〜55頁等参照。
10　昆野・西田・今野・高橋・髙橋、前掲注8・14頁参照。

図表4-5　リスクベース・アプローチに基づくリスク管理態勢

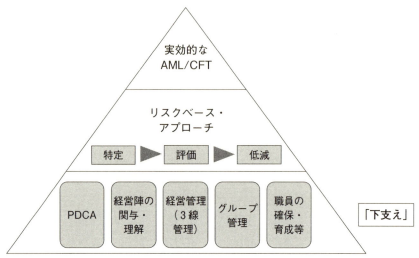

（注）　一つの整理であり、これ以外にもさまざまな整理の方法が考えられる。
（出典）　拙著『マネロン・テロ資金供与リスクと金融機関の実務対応』（中央経済社、2018年）101頁

理態勢の構築にも役立つと考えられます。

　3つの防衛線等や、グループベースの管理態勢については、コンプライアンス・リスク管理基本方針にも記載がありますが、ガイドラインでは【対応が求められる事項】として具体的に箇条書きされており、コンプライアンス・リスク管理態勢の構築にも参考となる事項が列挙されています。PDCAについての記載は、コンプライアンス・リスク管理基本方針には金融機関の対応として明示的には記載されていませんが、リスク低減措置を講じてもなお残存するリスクの評価の必要性を指摘する点、内部情報・内部通報等の情報もふまえて管理態勢の実効性検証を行うべき点等は、コンプライアンス・リスク管理態勢の実効性向上に向けたPDCAサイクルの構築を検討する際にも参考となります。

　このほか、ガイドラインは、管理態勢を実際に運用する経営陣の関与・理解や、職員の確保、育成等につき、明示的に【対応が求められる事項】等を定めている点にも特徴があります。特に、これまでの管理部門等のみによる

ルールベースでの対応から、マネロン・テロ資金供与対策を経営上の問題として十分なリソースを配分し、部門横断的な検討を行うことになると、経営陣の関与が不可欠となります。この観点から、ガイドラインは繰り返しマネロン・テロ資金供与対策への経営陣の関与につき強調するほか、「管理態勢とその有効性の検証・見直し」の項で改めて【対応が求められる事項】として整理して記載しています。これまで述べてきたとおり、コンプライアンス・リスク管理を経営の根幹の問題として捉え、ビジネスモデル・経営戦略や事業環境等もふまえたリスクの特定・評価に基づいた実効的なリスク管理を行う必要があり、そのためにこれまで部門部門で対応してきた個別の問題を横断的かつ総合的に分析する必要が生じていることからすると、コンプライアンス・リスク管理に関しても経営陣の強いリーダーシップに基づく積極的な関与が重要となり、この点はマネロン・テロ資金供与対策と同様といえます。ガイドラインにおける経営陣の関与・理解の記載は、コンプライアンス・リスク管理に対する経営陣の関与・理解を検討するにあたっても、おおいに参考となると考えられます。

(4) 金融庁によるモニタリング等

　ガイドラインは、金融庁によるモニタリング等についても触れており、モニタリングの過程でみられた事例や外国当局等から入手した情報について、積極的に金融機関等との共有を図っていくとされています。実際、金融庁は、2018年8月、わが国のマネロン・テロ資金供与対策の現状および今後の課題について取りまとめた「マネー・ローンダリング及びテロ資金供与対策の現状と課題[11]」を公表するほか、業界団体との意見交換会等においても、積極的にマネロン・テロ資金供与対策の現状や課題等につき情報発信しています[12]。

　コンプライアンス・リスク管理基本方針においても、当局の問題意識の発信について繰り返し言及されていますが、上記のようなマネロン・テロ資金

11　前掲注7参照。
12　https://www.fsa.go.jp/common/ronten/index_2.html等参照。

供与対策に関する情報発信の方法及びその内容等は、コンプライアンス・リスク管理に関する金融当局の情報発信の方向性を予測するうえでも、参考になると思われます。

この節のポイント

- ✓ 金融庁が策定したガイドライン等に基づきルールベースからリスクベースへの対応が求められているマネロン・テロ資金供与対策に係る取組みは、リスクベースに基づくコンプライアンス・リスク管理態勢を構築するうえでも参考となります。
- ✓ マネロン・テロ資金供与対策におけるリスクの特定・評価に係る定量指標の活用の手法は、コンプライアンス・リスク管理における定量指標の活用を検討する際にも参考となります。
- ✓ PDCA、3つの防衛線等、グループ管理等、マネロン・テロ資金供与リスク管理態勢に関する記載は、リスクベース・アプローチを「下支え」するものとして、コンプライアンス・リスク管理態勢の構築にも参考となります。
- ✓ 特に、経営の根幹をなすものとして、ビジネスモデル・経営戦略や事業環境等に立脚したコンプライアンス・リスク管理を横断的かつ総合的に行っていくには、経営陣のリーダーシップ・関与が不可欠であり、この点においてマネロン・テロ資金供与対策における経営陣の関与・理解の手法を参考とすることは有用といえます。

第 3 節

不祥事予防・不祥事対応のプリンシプル

(1) 「上場会社における不祥事予防のプリンシプル」
――平時のコンプライアンス

　株式会社日本取引所グループ内の自主規制機関である日本取引所自主規制法人[13]は、業種を超え、規模の大小にかかわらず相次いで発生する多くの不祥事のなかには、最近になって発生した事象もあれば、これまで潜在していたものが顕在化した事象もみられること、不祥事がまれな事象でなくなった現状において、不祥事の発生そのものを予防する取組みが上場会社の間で実効性をもって進められる必要性が高まっていること等をふまえ、事前対応としての不祥事予防の取組みに資するため、2018年3月、「上場会社における不祥事予防のプリンシプル～企業価値の毀損を防ぐために～」を策定・公表しました[14]。

　「不祥事予防のプリンシプル」は、各上場会社において自社の実態に即して創意工夫を凝らし、より効果的な取組みを進めていくためのプリンシプルベースの指針であり、仮にプリンシプルの充足度が低い場合であっても、上場規則等の根拠なしに不利益処分等が行われるものではないとされています。

---

[13] 日本取引所自主規制法人は、東京証券取引所および大阪取引所の上場審査、上場管理、売買審査、考査等の業務を一手に担っている、金融商品取引法に基づく自主規制機関です。上場会社に関しては、有価証券報告書虚偽記載や不適正開示、企業行動規範の違反など、資本市場の基本インフラを直接脅かす事案において、上場規則に基づき、問題を起こした上場会社への不利益処分を判断する権限を有しています（https://www.jpx.co.jp/regulation/listing/preventive-principles/index.html参照）。
[14] https://www.jpx.co.jp/regulation/listing/preventive-principles/nlsgeu0000031b00-att/preventive-principles.pdf

もっとも、平時の不祥事予防について定める「不祥事予防のプリンシプル」は、株主をはじめ、顧客、取引先、従業員、地域社会など多様なステークホルダーの要請をふまえて態勢整備を行う点において、コンプライアンス・リスク管理基本方針ともその趣旨を共通するものといえます。コンプライアンス・リスク管理基本方針も、有事を想定しながらも、主として平時のコンプライアンス・リスク管理態勢について記載しており、「不祥事予防のプリンシプル」とその対象範囲を共通としていることもあり、同プリンシプルには、金融機関による実効的なコンプライアンス・リスク管理態勢の構築に役立つ記載が数多く含まれています。金融機関においては、上場しているか否かにかかわらず、「不祥事予防のプリンシプル」を参考とすることが有用と考えられます。

　「不祥事予防のプリンシプル」は、不祥事予防にあたっては、経営陣、とりわけ経営トップによるリーダーシップの発揮が重要とし、「①実を伴った実態把握」「②使命感に裏付けられた職責の全う」「③双方向のコミュニケーション」「④不正の芽の察知と機敏な対処」「⑤グループ全体を貫く経営管理」「⑥サプライチェーンを展望した責任感」の6つの原則を掲げています。

a　実を伴った実態把握

　【原則1】は、コンプライアンス・リスク管理基本方針のエッセンスが凝縮されている原則といえます。すなわち、明文の法令・ルールの遵守にとどまらず、社会規範や規範に対する社会的意識を強調している点は、コンプライアンス・リスク管理基本方針と共通します。社内慣習や業界慣行を「無反省に所与のものとせず」としている点は、「社内の常識」と「世間の常識」との乖離を指摘し、外に開かれたガバナンス態勢の重要性を指摘するコンプライアンス・リスク管理基本方針とその趣旨を同じくします。

　また、「不祥事予防のプリンシプル」は、「取引先・顧客・従業員などステークホルダーへの誠実な対応」として、コンプライアンス・リスク管理の要諦ともいえるステークホルダーへの対応を明示しています。

　このほか、第1文として、自社のコンプライアンスの状況を「制度・実態の両面にわたり」正確に把握すべき点を指摘しています。「形式への集中」

から「実質」志向のコンプライアンス・リスク管理態勢を構築していくには、規程や体制15を形式的に整備するのみでは足りず、これらが実効的に機能しているかも含め、実質的な運用に係る実態を把握したうえで、課題と改善点を検証し、PDCAサイクルを有効に回していくことが肝要と考えられます。

「不祥事予防のプリンシプル」は、各原則ごとに、解説および不祥事につながった問題事例を紹介しており、これらもあわせて参照することが有用と考えられます。たとえば、解説1－3は、本来機能すべきレポーティング・ラインが目詰まりした場合にも備え、内部通報や外部からのクレーム、株主・投資者の声等を適切に分析・処理し、経営陣に正確な情報が届けられる仕組みが実効性を伴って機能することの重要性を指摘しています。金融機関としては、こうした記載もふまえながら、内外のステークホルダーの声を適切かつ総合的に分析し、改善に活かしていく枠組みを構築していくことが重要と考えられます。

b 使命感に裏付けられた職責の全う

【原則2】は、コンプライアンスに関する経営陣の職責、および経営陣に対する牽制機能の重要性について触れています。コンプライアンスに「コミットし、その旨を継続的に発信し」とされていますが、第2章第3節で触れたとおり、社内への発信に際しては、管理部門等が起案したメッセージを代表取締役名に置き換えて発信するのみ、といった形式的な対応にとどまることのないよう、留意が必要となります。

その他、経営陣によるコミットメントを示す方法として、社内への発信にとどまらず、対外的にコンプライアンスに関する方針を「企業行動規範」等

---

15 なお、法令上は必ずしも明確に区別して用いられているわけではありませんが、金融行政においては、「体制」と「態勢」とが区別して用いられることがあります。金融庁の過去のパブリック・コメントでは、「体制は組織体制そのもの、態勢は実際に機能が発揮されている状態にあるもの、と使い分けております」と回答しているものがあります（金融庁「金融検査マニュアルの改訂について」《パブリック・コメントの概要及びそれに対する考え方》61番）。この点に関しては、中崎隆・小堀靖弘『詳説犯罪収益移転防止法・外為法［第3版］』（中央経済社、2018年）206、207頁参照。

のかたちで策定・公表するといった方法も考えられます。対外的に公表することによって、ステークホルダーの監視・牽制の対象となるとともに、健全な企業文化・統制環境を醸成する一助となる効果も考えられます[16]。

解説2－2では、監査機関・監督機関による「必要十分な情報収集と社会目線を踏まえた客観的な分析・評価」が不可欠である点を指摘したうえ、監査・監督する側とされる側の間の利益相反を的確にマネジメントし、実質的な「自己監査」となるような状況を招かないよう留意すべき、と指摘しています。部門を所管する担当役員が当該部門の監査・監督も担当していたり、代表取締役による企業文化の醸成に課題があるにもかかわらず代表取締役直轄の監査部門が当該課題に係る監査を行ったりしているような場合には、上記の意味での「自己監査」である疑いがないとはいえず、「経営陣の関与」がかえって逆効果となるおそれも考えられます。このような問題に対処するためにも、監査・監督に対する社外役員の関与が重要といえます。

「不祥事予防のガイドライン」は、【原則2】に関して、不祥事につながった問題事例を複数あげています。事例自体は主に製造業等を想定しているようにも思われますが、金融機関にも当てはまる事例が含まれていると考えられます。たとえば、経営陣や本部による営業現場を顧みない業績目標や期限の設定が営業現場に対する過度のプレッシャーとなりうる点は、金融機関も同様と考えられます。また、製造部門に対する品質管理部門による牽制不足の問題は、営業部門に対する審査部門の機能不全、具体的には審査部門のリソース不足や発言力の低下等と置き換えることが可能と考えられます。

c　双方向のコミュニケーション

【原則3】は、現場と経営陣の間の双方向のコミュニケーションの重要性を指摘しており、この文脈のなかで、コンプライアンス・リスク管理基本方針では「内部統制の仕組み」として整理されている中間管理者の姿勢（tone in the middle）につき言及しています。

解説3－2では、中間管理層につき、「現場と経営陣をつなぐハブ」とし

16　企業行動規範については、中村、第2章注6・191～193頁参照。

たうえで、経営陣のメッセージを正確に理解・共有して現場に伝え根づかせるとともに、現場の声を束ねて経営陣に伝えるというきわめて重要な役割を担っているとし、「このハブ機能を十全に発揮させるためには、経営陣が、その役割を明確に示し、評価するとともに、中間管理層に浸透させるべきである」としています。

双方向のコミュニケーションに関する問題事例の一つとして、「経営陣から実態を無視した生産目標や納期の必達を迫られても現場は声を上げられず、次第に声を上げても仕方がないという諦め（モラルの低下）が全社に蔓延」した事例があげられています。これも直接的には製造業等を念頭に置いた事例と思われますが、業績目標の必達や経営陣と現場との意識の乖離・温度差等の問題は、金融機関にもそのまま当てはまる問題といえます。営業現場等の職員のモラル（moral）の低下は、コンプライアンスに関する営業現場からの意見発信や報告を阻害するという問題のほか、職員の士気・やる気（モラール：morale）の低下を招き、営業成績に悪影響を及ぼす可能性も考えられます。

　d　不正の芽の察知と機敏な対処

【原則4】は、早期発見・迅速な対処・業務改善まで、一連のサイクルを企業文化として定着させる旨につき規定しています。

解説4－1は、「不正を芽のうちに摘み、迅速に対処する」ことの重要性につき触れています。同種の違反や類似の構図についても横展開を行い、共通の原因を解明する点に言及しておりますが、こうした横断的・総合的な分析・検証が重要である点は第2章第4節のリスクベース・アプローチのところでも説明したとおりです。

この点に関しては、社内の複数ルートからの指摘に対して表面的な聴き取りのみで「問題なし」と判断し、違反行為の是正や社内展開等を行わなかった結果、企業価値を大きく毀損した事例、過去の不祥事に対する的を射ない機械的な対応に終始したことで、対応が形骸化し、同種不祥事の再発に至った事例等が問題事例としても紹介されています。これらは、近時の金融機関の不祥事にもそのまま当てはまります。

解説4-3では、これまで金融行政においても指摘されてきた「コンプラ疲れ」につき言及しています。コンプライアンス・リスク管理をリスク管理の一環としてとらえる場合、法令等に違反しているか否か（ゼロかイチか）といったルールベースのアプローチではなく、リスクを完全にゼロにはできないことを前提に、いかにして効率よくこれを低減していくかという目線で、「メリハリをつけ、要所を押さえた対応」を継続して行うことが重要となります。

e　グループ全体を貫く経営管理

【原則5】は、自社グループの構造や特性、各グループ会社の経営上の重要性や抱えるリスクの高低等をふまえ、グループ全体の実効的な経営管理につき言及しています。

特に、「海外子会社や買収子会社にはその特性に応じた経営管理が求められる」としており、この点は海外拠点管理の重要性を指摘するコンプライアンス・リスク管理基本方針とも共通します。

解説5-2では、海外子会社や買収子会社の経営管理に関し、①海外子会社・海外拠点に関し、地理的距離による監査頻度の低下、言語・文化・会計基準・法制度等の違いなどの要因による経営管理の希薄化など、②M&Aにあたっては、必要かつ十分な情報収集のうえ、事前に必要な管理体制を十分に検討しておくべきこと、買収後は有効な管理体制のすみやかな構築と運用が重要であることなど、具体的な留意点をあげています。特に、M&Aにおいては、買収前の法務・コンプライアンスに関するデュー・ディリジェンスのほか、買収後のグループ管理態勢や企業文化の浸透等も課題となります（PMI：Post Merger Integration）。

f　サプライチェーンを展望した責任感

【原則6】は、「サプライチェーンを展望した責任感」として、業務委託先や仕入先・販売先などで問題が発生した場合においてもそれに見合った責務を果たすよう努める旨記載しています。

主に製造業等を意識した記載となっていると思われますが、多くの外部業者と連携・協働しながら金融業務を営んでいる金融機関にとっても、参考と

なる記載が含まれていると考えられます。金融機関は、従前より監督指針等に基づく外部委託先管理を実施してきていますが、これまでも述べてきたように、今後は、外部委託先に限らない外部業者との連携・協働によって生ずるリスクについて、幅広く捕捉しながらリスクベースで対応していくことが重要と考えられます。「業務委託契約書」の締結の有無によって管理先を選別するといった形式的な対応ではなく、高度の公共性を有し、ステークホルダーからの期待を負っている金融機関として関係を有することが適切か、連携・協働先の問題事象の発覚による企業価値の毀損が金融機関にも及ばないか、といった視点でより幅広く想像しながら、管理対象およびその手法を実質的に検討していくことが重要と考えられます。

　また、これもすでに第3章第3節等で述べたところですが、フィンテック企業や電子決済等代行業者等との連携・協働にあたっては、従前の「タテ」の管理の手法が必ずしも適切に当てはまらないことも考えられます。「ヨコ」の連携・協働関係も意識しながら、直面するリスクに応じて類型化するなど、リスクに見合った実効的なコンプライアンス・リスク管理態勢を構築していくことが重要と考えられます。

【参考】「上場会社における不祥事予防のプリンシプル～企業価値の毀損を防ぐために～」

> 【原則1　実を伴った実態把握】
> 　自社のコンプライアンスの状況を制度・実態の両面にわたり正確に把握する。明文の法令・ルールの遵守にとどまらず、取引先・顧客・従業員などステークホルダーへの誠実な対応や、広く社会規範を踏まえた業務運営の在り方にも着眼する。その際、社内慣習や業界慣行を無反省に所与のものとせず、また規範に対する社会的意識の変化にも鋭敏な感覚を持つ。
> 　これらの実態把握の仕組みを持続的かつ自律的に機能させる。

［解説］

1－1　自社のコンプライアンスの状況を正確に把握することが、不祥事予防の第一歩となる。コンプライアンスに係る制度やその運用状況はもとより、自社の企業風土や社内各層への意識の浸透度合い等を正確に把握することにより、自社の弱点や不祥事の兆候を認識する。その際、現状のコンプライアンス体制が問題なく運用されているとの思い込みを捨て、批判的に自己検証する。

1－2　コンプライアンスは、明文の法令・ルールの遵守だけに限定されるものではなく、取引先・顧客・従業員などステークホルダーへの誠実な対応を含むと理解すべきである。さらに、広く社会規範を意識し、健全な常識やビジネス倫理に照らして誠実に行動することまで広がりを持っているものである。

　こうした規範に対する社会的受け止め方は時代の流れに伴い変化する部分がある。社内で定着している慣習や業界慣行が、実は旧弊やマンネリズムに陥っていたり、変化する社会的意識と乖離したりしている可能性も意識しつつ、社内・社外の声を鋭敏に受け止めて点検を行うことが必要となる。

1－3　本来は、通常の業務上のレポーティング・ラインを通じて、正確な

　　　　情報が現場から経営陣に確実に連携されるメカニズムが重要である。
　　　一方、本来機能すべきレポーティング・ラインが目詰まりした場合に
　　　も備え、内部通報や外部からのクレーム、株主・投資者の声等を適切
　　　に分析・処理し、経営陣に正確な情報が届けられる仕組みが実効性を
　　　伴って機能することが重要である。
　　　　こうした実態把握の仕組みが、社内に定着し、持続的・自律的に機
　　　能していくことが重要である。
1－4　なお、自社の状況や取組みに関する情報を対外発信し、外部からの
　　　監視による規律付けを働かせることも効果的な取組みの一つとして考
　　　えられる。

> （不祥事につながった問題事例）
> ✓ 検査工程や品質確認等の業務において、社内規則に反する旧来の慣行を漫然と継続し、違反行為を放置
> ✓ 労働基準を超えた長時間労働の常態化、社会規範を軽視したハラスメントの放置の結果、社会問題にまで波及
> ✓ 内部告発が隠蔽され、上位機関まで報告されないなど、内部通報制度の実効性が欠如

【原則2　使命感に裏付けられた職責の全う】

　経営陣は、コンプライアンスにコミットし、その旨を継続的に発信し、コンプライアンス違反を誘発させないよう事業実態に即した経営目標の設定や業務遂行を行う。
　監査機関及び監督機関は、自身が担う牽制機能の重要性を常に意識し、必要十分な情報収集と客観的な分析・評価に基づき、積極的に行動する。
　これらが着実に実現するよう、適切な組織設計とリソース配分に配意する。

[解説]

2−1 コンプライアンスに対する経営陣のコミットメントを明確化し、それを継続的に社内に発信することなど様々な手段により全社に浸透させることが重要となる。

　コンプライアンスへのコミットメントの一環として経営陣は、社員によるコンプライアンスの実践を積極的に評価し、一方でコンプライアンス違反発覚時には、経営陣を含め責任の所在を明確化し的確に対処する。実力とかけ離れた利益目標の設定や現場の実態を無視した品質基準・納期等の設定は、コンプライアンス違反を誘発する。

2−2 監査機関である監査役・監査役会・監査委員会・監査等委員会と内部監査部門、及び監督機関である取締役会や指名委員会等が実効性を持ってその機能を発揮するためには、必要十分な情報収集と社会目線を踏まえた客観的な分析・評価が不可欠であり、その実務運用を支援する体制の構築にも配意が必要である。また、監査・監督する側とされる側との間の利益相反を的確にマネジメントし、例えば、実質的な「自己監査」となるような状況を招かないよう留意する。

　監査・監督機関は、不祥事発生につながる要因がないかを能動的に調査し、コンプライアンス違反の予兆があれば、使命感を持って対処する。

　監査・監督機関の牽制機能には、平時の取組みはもちろんのこと、必要な場合に経営陣の適格性を判断する適切な選任・解任プロセスも含まれる。

（不祥事につながった経営陣に係る問題事例）
- ✓ 経営トップが事業の実力とかけ離れた短期的目線の利益目標を設定し、その達成を最優先課題としたことで、役職員に「コンプライアンス違反をしてでも目標達成をすべき」との意識が生まれ、粉飾決算を誘発
- ✓ 経営陣や現場マネジメントが製造現場の実態にそぐわない納

期を一方的に設定した結果、現場がこれに縛られ、品質コンプライアンス違反を誘発

（不祥事につながった監査・監督機関に係る問題事例）
- ✓ 元財務責任者（CFO）が監査担当部門（監査委員）となり、自身が関与した会計期間を監査することで、実質的な「自己監査」を招き、監査の実効性を阻害
- ✓ 指名委員会等設置会社に移行するも、選解任プロセスにおいて経営トップの適格性を的確に評価・対処できないなど、取締役会、指名委員会、監査委員会等の牽制機能が形骸化

（不祥事につながった組織設計・リソース配分に係る問題事例）
- ✓ 製造部門と品質保証部門で同一の責任者を置いた結果、製造部門の業績評価が品質維持よりも重視され、品質保証機能の実効性を毀損
- ✓ 品質保証部門を実務上支援するために必要となるリソース（人員・システム）が不足

【原則3　双方向のコミュニケーション】

　現場と経営陣の間の双方向のコミュニケーションを充実させ、現場と経営陣がコンプライアンス意識を共有する。このためには、現場の声を束ねて経営陣に伝える等の役割を担う中間管理層の意識と行動が極めて重要である。
　こうしたコミュニケーションの充実がコンプライアンス違反の早期発見に資する。

[解説]

3－1　現場と経営陣の双方向のコミュニケーションを充実させることと、双方のコンプライアンス意識の共有を図ることは、一方が他方を支える関係にあり、両者が相俟って不祥事の予防につながる。
　　　双方向のコミュニケーションを充実させる際には、現場が忌憚なく

意見を言えるよう、経営陣が現場の問題意識を積極的に汲み上げ、その声に適切に対処するという姿勢を明確に示すことが重要となる。

3－2　現場と経営陣をつなぐハブとなる中間管理層は、経営陣のメッセージを正確に理解・共有して現場に伝え根付かせるとともに、現場の声を束ねて経営陣に伝えるという極めて重要な役割を担っている。このハブ機能を十全に発揮させるためには、経営陣が、その役割を明確に示し、評価するとともに、中間管理層に浸透させるべきである。

　　　双方向のコミュニケーションが充実すれば、現場の実態を無視した経営目標の設定等を契機とした不祥事は発生しにくくなる。

3－3　これらが定着することで、現場のコンプライアンス意識が高まり、現場から経営陣への情報の流れが活性化して、問題の早期発見にも資する。

（不祥事につながった問題事例）
- ✓ 経営陣が各部門の実情や意見を踏まえず独断的に利益目標・業績改善目標を設定し、各部門に達成を繰り返し求めた結果、中間管理層や現場のコンプライアンス意識の低下を招き、全社的に職責・コンプライアンス意識の希薄化を招来
- ✓ 経営陣から実態を無視した生産目標や納期の必達を迫られても現場は声を上げられず、次第に声を上げても仕方がないという諦め（モラルの低下）が全社に蔓延
- ✓ 経営陣が「現場の自立性」を過度に尊重する古い伝統に依拠したことで、製造現場と経営陣の間にコミュニケーションの壁を生じさせ、問題意識や課題の共有が図れない企業風土を醸成。その結果、経営陣は製造現場におけるコンプライアンス違反を長年にわたり見過ごし、不祥事が深刻化

【原則4　不正の芽の察知と機敏な対処】
　コンプライアンス違反を早期に把握し、迅速に対処することで、それが重大な不祥事に発展することを未然に防止する。
　早期発見と迅速な対処、それに続く業務改善まで、一連のサイクルを企業文化として定着させる。

[解説]

4－1　どのような会社であっても不正の芽は常に存在しているという前提に立つべきである。不祥事予防のために重要なのは、不正を芽のうちに摘み、迅速に対処することである。

　このために、原則1～3の取組みを通じ、コンプライアンス違反を早期に把握し、迅速に対処する。また、同様の違反や類似の構図が他部署や他部門、他のグループ会社にも存在していないかの横展開を行い、共通の原因を解明し、それに即した業務改善を行う。

　こうした一連のサイクルが企業文化として自律的・継続的に機能することで、コンプライアンス違反が重大な不祥事に発展することを未然防止する。この取組みはコンプライアンス違反の発生自体を抑止する効果も持ち得る。

4－2　経営陣がこうした活動に取り組む姿勢や実績を継続的に示すことで、全社的にコンプライアンス意識を涵養できる。また、このような改善サイクルの実践が積極的に評価されるような仕組みを構築することも有益である。

4－3　なお、趣旨・目的を明確にしないコンプライアンス活動や形式のみに偏ったルールの押付けは、活動の形骸化や現場の「コンプラ疲れ」を招くおそれがある。事案の程度・内容に即してメリハリをつけ、要所を押さえた対応を継続して行うことが重要である。

(不祥事につながった問題事例)
- ✓ 社内の複数ルートからコンプライアンス違反に係る指摘がなされても、調査担当部署が表面的な聴き取り対応のみで「問題なし」と判断。違反行為の是正や社内展開等を行わなかった結果、外部からの指摘を受けて初めて不祥事が露見し、企業価値を大きく毀損
- ✓ 過去の不祥事を踏まえて再発防止策を講じたものの、的を射ない機械的な対応に終始したことで、現場において「押し付けられた無駄な作業」と受け止められる。当該作業が次第に形骸化し、各現場の自律的な取組みとして定着しなかった結果、同種不祥事の再発に至る

【原則5　グループ全体を貫く経営管理】
　グループ全体に行きわたる実効的な経営管理を行う。管理体制の構築に当たっては、自社グループの構造や特性に即して、各グループ会社の経営上の重要性や抱えるリスクの高低等を踏まえることが重要である。
　特に海外子会社や買収子会社にはその特性に応じた実効性ある経営管理が求められる。

[解説]
5-1　不祥事は、グループ会社で発生したものも含め、企業価値に甚大な影響を及ぼす。多数のグループ会社を擁して事業展開している上場会社においては、子会社・孫会社等をカバーするレポーティング・ライン（指揮命令系統を含む）が確実に機能し、監査機能が発揮される体制を、本プリンシプルを踏まえ適切に構築することが重要である。
　　　グループ会社に経営や業務運営における一定程度の独立性を許容する場合でも、コンプライアンスの方針についてはグループ全体で一貫

させることが重要である。
5－2　特に海外子会社や買収子会社の経営管理に当たっては、例えば以下のような点に留意が必要である。

> 海外子会社・海外拠点に関し、地理的距離による監査頻度の低下、言語・文化・会計基準・法制度等の違いなどの要因による経営管理の希薄化など

> M&Aに当たっては、必要かつ十分な情報収集のうえ、事前に必要な管理体制を十分に検討しておくべきこと、買収後は有効な管理体制の速やかな構築と運用が重要であることなど

（不祥事につながった問題事例）
- ✓ 海外子会社との情報共有の基準・体制が不明確で、子会社において発生した問題が子会社内で内々に処理され、国内本社に報告されず。その結果、問題の把握・対処が遅れ、企業価値毀損の深刻化を招く
- ✓ 許容する独立性の程度に見合った管理体制を長期にわたり整備してこなかった結果、海外子会社のコントロール不全を招き、子会社経営陣の暴走・コンプライアンス違反を看過
- ✓ 買収先事業が抱えるコンプライアンス違反のリスクを事前に認識していたにもかかわらず、それに対処する管理体制を買収後に構築しなかった結果、リスク対応が後手に回り、買収元である上場会社に対する社会的批判を招く

【原則6　サプライチェーンを展望した責任感】
　業務委託先や仕入先・販売先などで問題が発生した場合においても、サプライチェーンにおける当事者としての役割を意識し、それに見合った責務を果たすよう努める。

［解説］

6－1　今日の産業界では、製品・サービスの提供過程において、委託・受託、元請・下請、アウトソーシングなどが一般化している。このような現実を踏まえ、最終顧客までのサプライチェーン全体において自社が担っている役割を十分に認識しておくことは、極めて有意義である。

　自社の業務委託先等において問題が発生した場合、社会的信用の毀損や責任追及が自社にも及ぶ事例はしばしば起きている。サプライチェーンにおける当事者としての自社の役割を意識し、それに見合った責務を誠実に果たすことで、不祥事の深刻化や責任関係の錯綜による企業価値の毀損を軽減することが期待できる。

6－2　今日の産業界では、製品・サービスの提供過程において、委託・受託、元請・下請、アウトソーシングなどが一般化している。このような現実を踏まえ、最終顧客までのサプライチェーン全体において自社が担っている役割を十分に認識しておくことは、極めて有意義である。

　自社の業務委託先等において問題が発生した場合、社会的信用の毀損や責任追及が自社にも及ぶ事例はしばしば起きている。サプライチェーンにおける当事者としての自社の役割を意識し、それに見合った責務を誠実に果たすことで、不祥事の深刻化や責任関係の錯綜による企業価値の毀損を軽減することが期待できる。

（不祥事につながった問題事例）
- ✓　外部委託先に付与したセキュリティ権限を適切に管理しなかった結果、委託先従業員による情報漏えいを招き、委託元企業の信頼性を毀損
- ✓　製品事故における法的な責任に加え、サプライチェーンのマネジメントを怠り、徹底的な原因解明・対外説明を自ら果たさなかった結果、ステークホルダーの不信感を増大させ、企業の

信頼性を毀損
- ✓ 建築施工における発注者、元請、下請、孫請という重層構造において、極めて重要な作業工程におけるデータの虚偽が発覚したにもかかわらず、各当事者間の業務実態を把握しようとする意識が不十分であった結果、有事における対外説明・原因究明等の対応に遅れをとり、最終顧客や株主等の不信感を増大
- ✓ 海外の製造委託先工場における過酷な労働環境について外部機関より指摘を受けるまで意識が薄かった結果、製品の製造過程における社会的問題が、当該企業のブランド価値を毀損

(2) 平時と有事のコンプライアンス対応の連続性

　これまで述べてきたとおり、コンプライアンスの外延は、個々の法令上の規定にとどまらず、利用者保護や市場の公正・透明、社会規範等に拡張し、かつこの社会規範等は時代の流れや社会の目線の高まり等に応じて常に変動しています。金融機関としては、こうした「ムービング・ターゲット」を能動的にとらえながら、把握したリスクに対して適切に低減措置を講じていく実効的なコンプライアンス・リスク管理態勢の構築が求められています。このように、その外延が拡張し常に変動するリスクに対しては、いかに堅牢な管理態勢を構築したとしてもリスクを完全にゼロにすることはできません。金融機関としては、常にコンプライアンス・リスクにさらされていることを前提としたうえで、いかにしてこれを許容可能な限度にまで低減していくか、仮に顕在化した場合にその拡大をいかに防止していくか、といった点を意識して対応していくことが重要となります。

　こうした対応にあたっては、直面するリスクを許容可能な限度に低減することを目的とする平時のコンプライアンス・リスク管理態勢と、当該リスクが許容可能な限度を超えて顕在化した際の有事のコンプライアンス対応とを一体のものとして、連続してとらえることが有効と考えられます。

　すなわち、有事の発生は、平時のリスク評価やリスクに見合った低減措置、さらにはこれらの前提となる統制環境に課題があったことを示す事象と評価できます。この点において、「有事は平時の延長線上にある」ということができます。

　金融機関としては、有事が発生した際には、個別事案の表面的な対処にとどまることなく、これらの根本原因の解明等を通じて、統制環境やリスク評価、低減措置等に所在した課題を除去し、より強固な平時のコンプライアンス・リスク管理態勢を構築していく契機としていくことが重要と考えられます。ここで適切な有事対応をとることができれば、時宜に適った実効的な平時のコンプライアンス・リスク管理態勢の構築につながる一方、表面的な対応に終始したり、有事を有事と正面からとらえないような甘い対応にとど

まったりすると、せっかくの平時のコンプライアンス・リスク管理態勢構築のタイミングを逸し、より重大な有事に直面する危険性が増す結果にもつながります。この点において、「平時は有事の延長線上にある」ということもできそうです。

金融機関としては、平時のコンプライアンス・リスク管理態勢の実効性向上のため、有事＝不正・不祥事の発生にいかにして対応していくかが重要であり、この点を事前（平時）にもあらかじめ検討しておくことが有用と考えられます。

(3) 「上場会社における不祥事対応のプリンシプル」
──有事のコンプライアンス

有事のコンプライアンス対応に関し、日本取引所自主規制法人は、「上場会社における不祥事対応の中には、一部に、原因究明や再発防止策が不十分であるケース、調査体制に十分な客観性や中立性が備わっていないケース、情報開示が迅速かつ的確に行われていないケースなども見受けられます」としたうえで、2016年2月、不祥事に直面した上場会社に強く期待される対応や行動に関する原則（プリンシプル）として、「上場会社における不祥事対応のプリンシプル～確かな企業価値の再生のために～」を策定・公表しています[17]。金融機関としては、有事の延長線上にある平時のコンプライアンス・リスク管理態勢の実効性向上の観点からも、上場しているか否かにかかわらず、「不祥事対応のプリンシプル」を参照しながら、有事にいかに対応すべきかを平時においてあらかじめ検討し、態勢整備に組み込んでおくことが有用と考えられます。以下では、この観点から、「不祥事対応のプリンシプル」についても簡単に触れたいと思います。

「不祥事対応のプリンシプル」は、4つの原則の記載に先立ち、企業活動において不祥事またはその疑義が把握された場合には、必要十分な調査により事実関係や原因を解明し、その結果をもとに再発防止を図ることを通じ

---

[17] https://www.jpx.co.jp/regulation/listing/principle/nlsgeu000001ienc-att/fusyoji principle.pdf

て、自浄作用を発揮する必要があること、その際、すみやかにステークホルダーからの信頼回復を図りつつ、確かな企業価値の再生に資するよう、本プリンシプルの考え方をもとに行動・対処することにつき述べたうえで、「①不祥事の根本的な原因の解明」「②第三者委員会を設置する場合における独立性・中立性・専門性の確保」「③実効性の高い再発防止策の策定と迅速な実行」「④迅速かつ的確な情報開示」の4つの原則を示しています。

a 不祥事の根本的な原因の解明

根本原因の解明については、コンプライアンス・リスク管理基本方針においてもその重要性が繰り返し指摘されています。

「不祥事対応のプリンシプル」においては、根本原因の解明にあたり、必要十分な調査範囲を設定する必要性につき触れています。第2章第3節や第4節等で述べたとおり、近時の不祥事案件においては、過去に同種の「ヒヤリ・ハット」事案が発生していたにもかかわらず、営業現場の問題にすぎず、事務不備や軽微な手続違背等として手続を加重するといった形式的な対応に終始し(「モグラたたき」的対応)、その背後にあるより大きな原因の分析・除去に至っていない点が問題とされており、この点は「不祥事予防のプリンシプル」の【原則4】においても指摘されています。不祥事の根本的な原因の究明にあたっては、このような類似・同種事案について、過去の対処方針も含めて検討対象に含め、まとめて根本原因分析の対象としたうえでこれを除去し、抜本的な解決に努めていくべきと考えられます。

「不祥事対応のプリンシプル」は、必要十分な調査のための手法として、①最適な調査体制の構築、②社内体制について適切な調査環境の整備、③独立役員を含む適格な者の率先、を挙げています。

①調査体制の構築については、(i)社内の役職員のみで調査にあたるケース、(ii)中立性や専門性を重視して弁護士や公認会計士などの外部の専門家等を調査メンバーに加えるケース、(iii)第三者委員会を設置するケース等が考えられます[18]。(i)の社内の役職員のみで調査にあたるケースでも、関係する部

---

18 中村、第2章注6・41頁。

署が自ら調査する方法、関係する事業部門に対応する管理部門が調査する方法、監査部門が通常の内部監査とは異なる特別の監査を実施する方法、事案ごとに特別の調査チームを組成する方法等、いくつかのバリエーションが考えられます。あらかじめ対応方針を定めておいたうえで、事案の重大性や専門性・複雑性等に応じてふさわしい方法を選択していくことになると考えられますが、経営陣による企業文化の醸成や内部統制の不備・無効化に問題があるような場合、経営陣による平時の指揮命令系統やレポーティング・ラインに基づいて調査及びその結果の報告を行う手法によると、調査の内容や結果が（意図するか否かにかかわらず）経営陣によってゆがめられ、経営陣の責任を否定する方向に働いたり、根本原因の解明に至らなかったりするリスクがあります[19]。このようなリスクを可能な限り除去するためにも、調査の責任者を社外役員とする、レポーティング・ラインに社内役員を入れず社外役員直轄とする等、③独立役員の率先を検討すべきと考えられます。これらの方法によっても中立性や独立性を確保できないような場合には、早期に(ii)外部専門家や(iii)第三者委員会による調査を検討する必要があると考えられます[20]。

　いずれの調査手法によるにせよ、調査を受ける役職員が調査に真摯に応じる環境が不可欠といえます。そこで、調査に応じることの重要性を経営トップのメッセージとして発する、調査への応答を業務命令とする等、②適切な調査環境を整備することが重要といえます。

　ところで、場当たり的な調査手法の選択や不祥事に関与する者による自己に都合のよい判断を回避するため、調査手法の選択に係る判断基準や、具体的な調査手法および内容、結果に対する対応等について、あらかじめ規程等

19　不祥事の根本原因として経営トップの姿勢や主導的役割が認められるような場合には、不祥事が発生した部署を所管する担当役員を調査から除外して代表取締役直轄の調査チームを組成するかたちとしたとしても、根本原因分析やその除去に至るとは限らない点には留意が必要となります。
20　中村、第2章注6・41、42頁は、「客観的・中立的な視点を持つ外部専門家の投入が遅れることにより危機管理に失敗する事例が多いことに鑑みると、外部専門家の投入に躊躇すべきではない」と指摘しています。

で定めておくことが望ましいといえます。上記のように、平時と有事のコンプライアンス対応が一体のものであることからすると、こうした検討は、平時のコンプライアンス・リスク管理態勢の構築の際の一要素ということができます。

このように、平時に有事を想定した検討をする場合、金融機関としては、いかなる場合に調査を実施するか、より具体的には調査を実施すべき「不祥事」「有事」とは何か、その定義をどのように設定するかにつき、頭を悩ませる事態に直面することも考えられます。

金融機関はこれまで、適用される業法に基づく不祥事件の届出を実施してきており、不祥事件の把握やその届出態勢についてはなんらかの規程等を設けて整備しているものと思われます[21]。しかしながら、コンプライアンスの外延が利用者保護や市場の公正・透明、社会的要請等に拡張し、ステークホルダーの要請等に応えた不祥事対応をしていく必要がある現状にあっては、これら業法上の不祥事件のみを「不祥事」と定義するのは狭きに失するといわざるをえません。金融機関としては、ステークホルダーの期待に反する行為等、自ら「不祥事」を定義したうえで[22]、これに見合った調査の手法・内

---

[21] 例として、銀行については、銀行法施行規則35条8項が、不祥事件につき、次の5つの行為を定義しています。実務的には、⑤の該当性をいかに解すべきかという問題がありますが、不祥事として対応すべき事案が銀行法上の不祥事件にとどまらないとすると、不祥事対応の要否の観点から⑤の法解釈を厳密に検討していく実益は大きいとはいえないと考えられます。
　① 銀行の業務又は銀行代理業者の銀行代理業の業務を遂行するに際しての詐欺、横領、背任その他の犯罪行為
　② 出資の受入れ、預り金及び金利等の取締りに関する法律又は預金等に係る不当契約の取締に関する法律（昭和32年法律第136号）に違反する行為
　③ 現金、手形、小切手又は有価証券その他有価物の紛失（盗難に遭うこと及び過不足を生じさせることを含む。以下この号において同じ。）のうち、銀行の業務又は銀行代理業者の銀行代理業の業務の特性、規模その他の事情を勘案し、これらの業務の管理上重大な紛失と認められるもの
　④ 海外で発生した前三号に掲げる行為又はこれに準ずるもので、発生地の監督当局に報告したもの
　⑤ その他銀行の業務又は銀行代理業者の銀行代理業の業務の健全かつ適切な運営に支障を来す行為又はそのおそれがある行為であって前各号に掲げる行為に準ずるもの
[22] 「不祥事対応のプリンシプル」は、「不祥事」につき、「重大な法令違反その他の不正・不適切な行為等」と定義しています。

図表 4 − 6 　不祥事件、不祥事、不正の関連

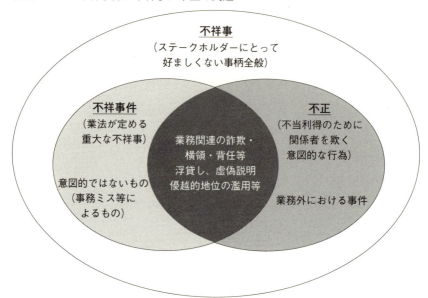

（出典）　甘粕潔・宇佐美豊・川西拓人・吉田孝司『金融機関のための不祥事件対策実務必携』（金融財政事情研究会、2017年）7頁

容等をあらかじめ検討し、規程等に定めておくことが重要と考えられます[23]。

　これらの検討にあたっては、「不祥事」の定義のほか、「不祥事」の定義に該当するかをだれが、どのように判断するかを検討しておくことも重要となります。不祥事がビジネスモデルや経営戦略と直結していたり、経営陣が内部統制の無効化や統制環境の悪化に影響を与えているような場合には、経営陣が（意識するとしないとにかかわらず）不祥事を不祥事と認識せず、あらかじめ定めた調査のプロセスに入ることを阻害する可能性も考えられます。このような可能性を考慮して、「不祥事」か否かの判断に社外役員の関与を必要とする、「不祥事」か否かの判断にあたっては社外役員に直接判断を仰

---

[23] いかに調査の手法として社外役員の関与を定めていたとしても、規程等に定めた「不祥事」該当性につき社内の役職員のみで判断することにすると、「不祥事」に該当しないとして当該規程等に基づく調査を実施しないインセンティブが働く可能性もあります。調査の要否を判断するプロセスにも社外役員の関与を必要とする方法も有用といえます。

ぎ、社外役員のみの判断で調査開始を可能とする等、判断の迅速性にも配慮しつつ、「不祥事」に係る調査開始の判断が客観的かつ適切に行いうるような制度的枠組みも必要と考えられます。

　b　第三者委員会を設置する場合における独立性・中立性・専門性の確保

　金融機関の不祥事事案においても、第三者委員会を設置し、その結果が公表されるケースが増えてきています。顧問弁護士等、金融機関と利害関係を有する外部専門家による調査では、その中立性や社会的批判等に十分に応えることができず、第三者委員会による調査に委ねざるをえないといったケースも考えられます。

　中立性や社会的批判等に十分に応えるという意味では、第三者委員会を設置する場合においても、その委員の選定プロセスが委員会の独立性・中立性・専門性を担保するものでなければなりません。会社の経営陣が委員を選任・組成した場合には、当該委員が実質的にも外形的にも中立・独立しているといえるかという課題が残ります。委員の選任プロセスに、社外役員が関与することも有用といえます。

　また、専門性に関しては、第三者委員会の設置・運用に関して日本弁護士連合会が策定した「企業等不祥事における第三者委員会ガイドライン」も参考となります[24]。同ガイドラインによれば、委員候補者としては、当該不祥事に関する法令の素養、内部統制、コンプライアンス、ガバナンス等、企業組織論に精通した者を選定する必要があり[25]、事案の性質により、公認会計士、税理士、デジタル調査の専門家等の各種専門家を選任することもあるとされています[26]。金融機関の不祥事においては、債権の評価や自己資本比率維持のための業績プレッシャー等、固有の金融規制が不祥事の背景事象となっていることも考えられます。金融規制や金融実務に精通している者を委

---

[24] https://www.nichibenren.or.jp/library/ja/opinion/report/data/100715_2.pdf。なお、日弁連ガイドラインは、一つの「ベスト・プラクティス」を示したものであり、必ずしもすべての場合においてこの手法が絶対的なものではないとされています（本村健編集代表『第三者委員会　設置と運用』（金融財政事情研究会、2011年）125頁）。
[25] 日弁連ガイドライン第2部第5.1.(2)(3)参照。
[26] 日弁連ガイドライン第2部第5.2.。

員とすることも検討する必要があると考えられます。

「不祥事対応のプリンシプル」【原則2】は、最後に、「第三者委員会という形式をもって、安易で不十分な調査に、客観性・中立性の装いを持たせるような事態を招かないよう留意する」としています。形式的には第三者委員会を設置していながら、その実態は依頼する会社の意のままに動いている等、いわゆる「名ばかり第三者委員会」とならないよう、念を押している趣旨と思われます。

平時のコンプライアンス・リスク管理態勢の一環として、第三者委員会の設置の方法やそのプロセス等についてまで詳細に検討している金融機関は多いとまではいえないように思われますが、金融機関としては、こうした点も含め、平時のコンプライアンス・リスク管理態勢の一環として考慮に入れておくことも有用と考えられます。

　c　実効性の高い再発防止策の策定と迅速な実行

「不祥事対応のプリンシプル」は、根本原因に即した実効性の高い再発防止策を迅速に実行することを定めています。組織の変更や社内規則の改訂等といった制度上の対応のみならず、再発防止策の本旨が運用上定着しているかの検証を求めている点は、「形式への集中」から「実質」志向のコンプライアンス・リスク管理態勢を目指すコンプライアンス・リスク管理基本方針の趣旨にも合致するといえ、(2)で述べた平時と有事のコンプライアンス対応の連続性の方向にも沿うものといえます。

　d　迅速かつ的確な情報開示

「不祥事対応のプリンシプル」は、最後に、迅速かつ的確な情報開示につき触れています。高次の社会的期待が寄せられている金融機関においては、適時開示が金融商品取引法上求められているか否かにかかわらず、迅速かつ的確な情報開示を行うことが重要といえます。IT技術やSNSの進展・普及等から、情報伝達のスピードや範囲は従前以上に増しており、金融機関としては、こうした環境変化も意識しながら、社会的要請等もふまえた的確な情報開示を行うよう努めることが重要と考えられます。

【参考】「上場会社における不祥事対応のプリンシプル〜確かな企業価値の再生のために〜」

① 不祥事の根本的な原因の解明

不祥事の原因究明に当たっては、必要十分な調査範囲を設定の上、表面的な現象や因果関係の列挙にとどまることなく、その背景等を明らかにしつつ事実認定を確実に行い、根本的な原因を解明するよう努める。

そのために、必要十分な調査が尽くされるよう、最適な調査体制を構築するとともに、社内体制についても適切な調査環境の整備に努める。その際、独立役員を含め適格な者が率先して自浄作用の発揮に努める。

② 第三者委員会を設置する場合における独立性・中立性・専門性の確保

内部統制の有効性や経営陣の信頼性に相当の疑義が生じている場合、当該企業の企業価値の毀損度合いが大きい場合、複雑な事案あるいは社会的影響が重大な事案である場合などには、調査の客観性・中立性・専門性を確保するため、第三者委員会の設置が有力な選択肢となる。そのような趣旨から、第三者委員会を設置する際には、委員の選定プロセスを含め、その独立性・中立性・専門性を確保するために、十分な配慮を行う。

また、第三者委員会という形式をもって、安易で不十分な調査に、客観性・中立性の装いを持たせるような事態を招かないよう留意する。

③ 実効性の高い再発防止策の策定と迅速な実行

再発防止策は、根本的な原因に即した実効性の高い方策とし、迅速かつ着実に実行する。

この際、組織の変更や社内規則の改訂等にとどまらず、再発防止策の本旨が日々の業務運営等に具体的に反映されることが重要であり、その目的に沿って運用され、定着しているかを十分に検証する。

④ 迅速かつ的確な情報開示

不祥事に関する情報開示は、その必要に即し、把握の段階から再発防止策実施の段階に至るまで迅速かつ的確に行う。

この際、経緯や事案の内容、会社の見解等を丁寧に説明するなど、透明性の確保に努める。

この節のポイント

- ✓ 日本取引所自主規制法人が公表した、平時の不祥事予防について定める「不祥事予防のプリンシプル」は、株主、顧客、取引先、従業員、地域社会など多様なステークホルダーの要請をふまえた態勢整備を強調する点において、金融機関のコンプライアンス・リスク管理態勢の構築にも参考となります。
- ✓ 「不祥事予防のプリンシプル」は、不祥事予防にあたっては、経営陣、とりわけ経営トップによるリーダーシップの発揮が重要とし、「①実を伴った実態把握」「②使命感に裏付けられた職責の全う」「③双方向のコミュニケーション」「④不正の芽の察知と機敏な対処」「⑤グループ全体を貫く経営管理」「⑥サプライチェーンを展望した責任感」の6つの原則を掲げています。
- ✓ 金融機関としては、平時と有事の連続性をふまえながら、コンプライアンス・リスク管理態勢の高度化を図っていくことが重要となります。その意味で、「不祥事対応のプリンシプル」も参考としながら、平時において有事の対応を検討しておくことも有用といえます。
- ✓ 「不祥事対応のプリンシプル」は、「①不祥事の根本的な原因の解明」「②第三者委員会を設置する場合における独立性・中立性・専門性の確保」「③実効性の高い再発防止策の策定と迅速な実行」「④迅速かつ的確な情報開示」の4つの原則を示しています。
- ✓ 不祥事の根本的な原因の解明にあたっては、類似・同種事案の検討のほか、最適な調査体制の構築、社内体制について適切な調査環境の整備が重要となり、こうした点について平時において検討しておくことも有用と考えられます。

第4節

顧客本位の業務運営に関する原則

(1) 顧客本位の業務運営とコンプライアンス・リスク管理

　ところで、コンプライアンス・リスク管理が個別の法令上の規定の形式的遵守にとどまらず、利用者保護や市場の公正・透明、金融機関に対する社会的要請等にその外延が拡張されることになると、コンプライアンス・リスク管理の対象は、これまで監督指針や金融検査マニュアル等で「法令等遵守」として取り扱われてきた分野に限らず、「顧客保護等」として取り扱われてきた分野も広く含まれうることとなります[27]。コンプライアンス・リスク管理基本方針でも、この点に関し、「利用者保護と市場の公正・透明に関する分野、その中でも特に、法令等遵守態勢や顧客保護等管理態勢として扱われた分野を扱う」とされています（2頁）。

　また、近時の金融機関に対する行政処分の例をみると、顧客本位の業務運営に問題が認められるとして、「顧客本位の業務運営態勢」の確立が求められている状況にあります。これらの事例では、いずれもコンプライアンス上の問題があるとして社会的に批判を浴び、企業価値を毀損する事態を招いています。

　金融機関としては、金融庁から2017年3月に公表された「顧客本位の業務運営に関する原則[28]」等に対する対応についても、これまで述べてきたコンプライアンス・リスク管理の趣旨をふまえて実践していくことが重要と考え

---

[27] なお、基本的には他のリスク・カテゴリーに分類されるリスクであっても、各金融機関にとってのコンプライアンス・リスクに関連する場合には、コンプライアンス・リスク管理の考え方が妥当するとされていますが、この点については第2章第1節(1)参照。
[28] https://www.fsa.go.jp/news/28/20170330-1/02.pdf

られます。

　たとえば、【顧客の最善の利益の追求】について定めた【原則2】は、金融事業者による高度の専門性・職業倫理の保持、顧客に対する誠実性・公正性、顧客の最善の利益の追求等につき、企業文化として定着するよう努めるべきである旨定めています。これらの記載は、健全な企業文化の醸成を強調するコンプライアンス・リスク管理基本方針とその趣旨を同じくするものといえます。

　また、【従業員に対する適切な動機づけの枠組み等】について定めた【原則7】は、顧客本位の業務運営に資する報酬・業績評価体系、従業員研修その他の適切な動機づけの枠組みや適切なガバナンス体制の整備を求めています。これらの記載は、経営陣が示した姿勢やあるべき企業文化と整合的なかたちでの人事・報酬制度の設計・運用その他の内部統制やガバナンスの重要性を指摘するコンプライアンス・リスク管理基本方針とも通底します。

　その他、「顧客本位の業務運営に関する原則」で定める【原則1】～【原則7】のすべてが、コンプライアンス・リスク管理としての利用者保護や市場の公正・透明、金融機関に対する社会的要請等を顧客本位の側面から具体化したもの、ということもできます[29]。

　なお、「顧客本位の業務運営に関する原則」の対象となる「金融事業者」について、特に定義規定は設けられておらず、「顧客本位の業務運営を目指す金融事業者において幅広く採択されることを期待する」とされるにとどまっています[30]。したがって、業態に限定はなく、また新たに金融業務を取り扱うフィンテック企業やスタートアップ企業についてもその対象となりうる点には留意が必要となります。また、現時点では金融当局の規制を受けていない事業者であっても、金融機能の一部を担っているような場合には、「顧客本位の業務運営に関する原則」を参考としながら態勢整備を行っていくことも有用と考えられます。

(2) 「実質・未来・全体」志向の顧客本位の業務運営態勢

　「顧客本位の業務運営に関する原則」に対する対応を検討する場合も、「形

式・過去・部分への集中」ではなく、「実質・未来・全体」志向で顧客本位の業務運営を実践していくことが重要となります。

具体的には、一つひとつの原則に形式的に対応することに終始するのではなく、金融機関が対象とする顧客や商品・サービスにつき、ビジネスモデルや経営戦略等も意識しながら、実質的な対応を講じていくよう配慮することが必要と考えられます。たとえば、預金取扱金融機関であれば、預金・融資も含めて顧客本位の業務運営態勢が確立されているかを検討していくことが不可欠であり、KPI等の議論が株式や投資信託等中心となっていたり、預金や融資が金融商品取引法上の「金融商品」に該当しないといった形式的な理由のみで、預金・融資を検討の対象から除外することのないよう、留意が必要となります[31]。金融機関が取り扱う商品・サービスを包括的に対象とすることなく、株式や投資信託等を取り扱う部門が所管し、「顧客本位の業務運営に関する原則」の文言とほとんど変わりがないものを自金融機関の方針として策定・公表し、策定にあたって経営陣が関与しないといった対応も、形式的・部分的な対応にすぎると思われます[32]。コンプライアンスや顧客保護

29　なお、「顧客本位の業務運営に関する原則」とともに公表された「コメントの概要及びコメントに対する金融庁の考え方」（https://www.fsa.go.jp/news/28/20170330-1/01.pdf、以下「FDパブコメ」といいます）167、168番によれば、「本原則はプリンシプルベース・アプローチを採用しており、採択した金融事業者にはベスト・プラクティスを目指して主体的に創意工夫を発揮することが求められることから、本原則への対応状況に問題があることを理由として直ちに行政処分を行うことは想定されておりません。ただし、これまで同様、法令違反と判断される事象があった場合には、法令に則り厳正に対処する必要があると考えます」とされており、顧客本位の業務運営に問題が認められるとした金融機関に対する近時の行政処分との整合性が問題となりえます。

第2章第5節で述べたとおり、コンプライアンス・リスク管理基本方針の策定等によっても「金融上の行政処分」は維持されるため、行政処分の有無にあたっては、行為の重大性・悪質性、背景となった経営管理態勢および業務運営態勢の適切性等、「金融上の行政処分について」に掲げる事項を検証・勘案のうえ、業態ごとに適用される個別の業法上の規定（たとえば、銀行法26条1項「業務の健全かつ適切な運営を確保するため必要があると認めるとき」）への該当性が判断されることになると考えられます。「顧客本位の業務運営に関する原則」への対応状況を形式的に判断するのではなく、同原則の記載も勘案しながら、顧客本位の業務運営態勢の適切性を検討し、これが「金融上の行政処分」に掲げる基準にまで至っていると判断されれば、業法上の行政処分がありうることになると考えられます。

30　「顧客本位の業務運営に関する原則」2頁、FDパブコメ25、27番等参照。

を所管する部門等、いかなる部門が所管し、経営陣がどのように関与するか等、具体的な枠組みは金融機関の規模・特性等に応じてさまざまな形態が考えられますが、金融機関としては、自らのビジネスモデル・経営戦略等をふまえたうえで、対象となる顧客属性や商品・サービス等を十分に認識しながら、利用者保護や市場の公正・透明、社会的要請等をふまえた顧客本位の業務運営態勢を確立していくことが重要と考えられます。

　金融庁は、顧客本位の業務運営に係る金融機関の取組みやモニタリングの結果等を公表しており[33]、金融機関が具体的な取組みを検討するにあたっては、こうした金融当局からの公表資料を参考にすることも有用といえます。

　なお、近時の金融機関の不祥事事案では、「投資不動産案件に対する融資アパート・マンションやシェアハウス等、賃料収入等を目的とする投資用不動産の購入に向けた融資について、入居率・賃料や顧客財産・収入状況の改ざん、抱き合わせ販売といった顧客保護の観点から問題がある事例が発生している」とされています[34]。このような事案においても、改ざんに係る有印私文書偽変造・同行使罪（刑法159条、161条）や抱合せ販売に係る優越的地

---

[31] FDパブコメ26番では、「……金融機関が提供する多様なサービスのうち特に資産運用関連の商品・サービスを主な対象と想定しているものと考えられるが、そのような理解でよいか。具体的には例えば預貯金の受信業務、貸付・割引など与信業務、送金など決済業務、有価証券の売買執行などは本原則の直接の対象ではないと解釈するが、一方では確定拠出年金の運営管理機関などは対象となると解釈することが妥当か。……」との問いに対し、「本原則はプリンシプルベース・アプローチを採用していることから、当局において具体的な適用範囲等を示すことは適当でないと考えます。金融事業者においては、何が顧客のためになるかを真剣に考え、横並びに陥ることなく、より良い金融商品・サービスの提供を競い合うとの観点から適切に判断されるべきものと考えます」と回答されています。

[32] 金融庁が2018年11月に公表した「各金融事業者が公表した「顧客本位の業務運営」に関する取組方針・KPIの傾向分析」（https://www.fsa.go.jp/news/29/sonota/20170728/bunseki.pdf）において、【懸念事例】として、「「原則」の文言を若干変えた程度、あるいは、過度に簡略化した取組方針を策定しており、「原則」の趣旨・精神を自ら咀嚼し、具体的に実践するスタンスが欠如」とする例が示されています。

[33] 前掲注32のほか、「投資信託の販売会社における比較可能な共通KPIについて」（2018年6月、https://www.fsa.go.jp/news/30/sonota/20180629-3/20180629-3.html）、「投資信託等の販売会社における顧客本位の業務運営のモニタリング結果について」（2018年9月、https://www.fsa.go.jp/news/30/20180926/01.pdf）等。

[34] 金融庁、第2章注64・8頁。

位の濫用（銀行法13条の３）、さらに金銭消費貸借の民法上の有効性等、法律上の論点の検討のみに終始することなく、広く利用者保護やステークホルダーの要請等をふまえた対応・改善策の検討が必要と考えられます。特に、投資用不動産向け融資は、金融機関側からみれば融資であっても、顧客側からみれば投資の一手段であり、このことからすれば、当該投資自体によって収益・損失を被る可能性等につき、顧客の理解を十分に得たうえで融資を実行するのが顧客本位の業務運営に資するということもできます。顧客財産や収入は、当該投資用不動産向け融資によって顧客が収益を得られなかった場合の債権保全のために必要なものであり、これを改ざんして融資を実行する行為は、顧客財産・収入の偽装という問題以前に、当該投資用不動産向け融資によって生ずる顧客の収益・損失を考慮していないという点において、顧客本位の観点からは二重の問題があるということもできそうです。

【参考】 顧客本位の業務運営に関する原則（抄）
○顧客本位の業務運営に関する方針の策定・公表等

> 【原則1】 金融事業者は、顧客本位の業務運営を実現するための明確な方針を策定・公表するとともに、当該方針に係る取組状況を定期的に公表すべきである。当該方針は、より良い業務運営を実現するため、定期的に見直されるべきである。

（注） 金融事業者は、顧客本位の業務運営に関する方針を策定する際には、取引の直接の相手方としての顧客だけでなく、インベストメント・チェーンにおける最終受益者としての顧客をも念頭に置くべきである。

○顧客の最善の利益の追求

> 【原則2】 金融事業者は、高度の専門性と職業倫理を保持し、顧客に対して誠実・公正に業務を行い、顧客の最善の利益を図るべきである。金融事業者は、こうした業務運営が企業文化として定着するよう努めるべきである。

（注） 金融事業者は、顧客との取引に際し、顧客本位の良質なサービスを提供し、顧客の最善の利益を図ることにより、自らの安定した顧客基盤と収益の確保につなげていくことを目指すべきである。

○利益相反の適切な管理

> 【原則3】 金融事業者は、取引における顧客との利益相反の可能性について正確に把握し、利益相反の可能性がある場合には、当該利益相反を適切に管理すべきである。金融事業者は、そのための具体的な対応方針をあらかじめ策定すべきである。

（注） 金融事業者は、利益相反の可能性を判断するに当たって、例えば、以下の事情が取引又は業務に及ぼす影響についても考慮すべきである。

- 販売会社が、金融商品の顧客への販売・推奨等に伴って、当該商品の提供会社から、委託手数料等の支払を受ける場合
- 販売会社が、同一グループに属する別の会社から提供を受けた商品を販売・推奨等する場合
- 同一主体又はグループ内に法人営業部門と運用部門を有しており、当該運用部門が、資産の運用先に法人営業部門が取引関係等を有する企業を選ぶ場合

○手数料等の明確化

> 【原則4】 金融事業者は、名目を問わず、顧客が負担する手数料その他の費用の詳細を、当該手数料等がどのようなサービスの対価に関するものかを含め、顧客が理解できるよう情報提供すべきである。

○重要な情報の分かりやすい提供

> 【原則5】 金融事業者は、顧客との情報の非対称性があることを踏まえ、上記原則4に示された事項のほか、金融商品・サービスの販売・推奨等に係る重要な情報を顧客が理解できるよう分かりやすく提供すべきである。

(注1) 重要な情報には以下の内容が含まれるべきである。
- 顧客に対して販売・推奨等を行う金融商品・サービスの基本的な利益(リターン)、損失その他のリスク、取引条件
- 顧客に対して販売・推奨等を行う金融商品・サービスの選定理由(顧客のニーズ及び意向を踏まえたものであると判断する理由を含む)
- 顧客に販売・推奨等を行う金融商品・サービスについて、顧客との利益相反の可能性がある場合には、その具体的内容(第三者から受け取る手数料等を含む)及びこれが取引又は業務に及ぼす影響

(注2) 金融事業者は、複数の金融商品・サービスをパッケージとして販売・推奨等する場合には、個別に購入することが可能であるか否かを顧客に示すとともに、パッケージ化する場合としない場合を顧客が比較することが可能となるよう、それぞれの重要な情報について提供すべきである((注2)～(注5)は手数料等の情報を提供する場合においても同じ)。

(注3) 金融事業者は、顧客の取引経験や金融知識を考慮の上、明確、平易であっ

て、誤解を招くことのない誠実な内容の情報提供を行うべきである。
（注4） 金融事業者は、顧客に対して販売・推奨等を行う金融商品・サービスの複雑さに見合った情報提供を、分かりやすく行うべきである。単純でリスクの低い商品の販売・推奨等を行う場合には簡潔な情報提供とする一方、複雑又はリスクの高い商品の販売・推奨等を行う場合には、リスクとリターンの関係など基本的な構造を含め、より丁寧な情報提供がなされるよう工夫すべきである。
（注5） 金融事業者は、顧客に対して情報を提供する際には、情報を重要性に応じて区別し、より重要な情報については特に強調するなどして顧客の注意を促すとともに、顧客において同種の金融商品・サービスの内容と比較することが容易となるよう配慮すべきである。

○顧客にふさわしいサービスの提供

> 【原則6】 金融事業者は、顧客の資産状況、取引経験、知識及び取引目的・ニーズを把握し、当該顧客にふさわしい金融商品・サービスの組成、販売・推奨等を行うべきである。

（注1） 金融事業者は、複数の金融商品・サービスをパッケージとして販売・推奨等する場合には、当該パッケージ全体が当該顧客にふさわしいかについて留意すべきである。
（注2） 金融商品の組成に携わる金融事業者は、商品の組成に当たり、商品の特性を踏まえて、販売対象として想定する顧客属性を特定するとともに、商品の販売に携わる金融事業者においてそれに沿った販売がなされるよう留意すべきである。
（注3） 金融事業者は、特に、複雑又はリスクの高い金融商品の販売・推奨等を行う場合や、金融取引被害を受けやすい属性の顧客グループに対して商品の販売・推奨等を行う場合には、商品や顧客の属性に応じ、当該商品の販売・推奨等が適当かより慎重に審査すべきである。
（注4） 金融事業者は、従業員がその取り扱う金融商品の仕組み等に係る理解を深めるよう努めるとともに、顧客に対して、その属性に応じ、金融取引に関する基本的な知識を得られるための情報提供を積極的に行うべきである。

○従業員に対する適切な動機づけの枠組み等

> 【原則7】 金融事業者は、顧客の最善の利益を追求するための行動、顧客の

公正な取扱い、利益相反の適切な管理等を促進するように設計された報酬・業績評価体系、従業員研修その他の適切な動機づけの枠組みや適切なガバナンス体制を整備すべきである。

この節のポイント

- ✓ 利用者保護、市場の公正・透明、社会的要請等、コンプライアンス・リスク管理の外延の拡張、顧客本位の業務運営に課題のある金融機関における不祥事等をふまえ、「顧客本位の業務運営に関する原則」もコンプライアンス・リスク管理の趣旨をふまえて対応していくことが重要と考えられます。
- ✓ 金融業務を営む金融事業者は、「顧客本位の業務運営に関する原則」を意識しながら、実効的なコンプライアンス・リスク管理態勢を構築していく必要があります。
- ✓ 顧客本位の業務運営態勢の確立にあたっても、「形式・過去・部分への集中」ではなく、「実質・未来・全体」志向の実効的な態勢確立が重要となります。

事項索引

【英数字】

1.5線 ················· 65, 69, 99
3線管理 ······················ 39
3つの防衛線 ·········· 63, 121, 122
3つの防衛線（3線管理）········· 62
ADR ················· 42, 80, 121
AI ·························· 106
COSO ······················ 112
COSO ERM ··············· 114, 115
COSOフレームワーク ···· 40, 112, 114, 115
FATF（Financial Action Task Force）··················· 117
FATF勧告 ··················· 117
IT（情報技術）への対応 ········ 111
KPI ························ 156
PDCA ················ 121, 122, 128
PDCAサイクル ················ 89
PMI（Post Merger Integration）··· 131
SDGs ····················· 86, 87
tone in the middle ············ 42

【あ行】

アンバンドリング ··· 35, 102, 103, 104, 105
影響度 ······················· 78
オープンAPI ················· 103
オフサイト ················· 6, 15
オンサイト ···················· 6

【か行】

会社法 ········· 2, 53, 55, 87, 95, 96, 111
外為法 ·················· 5, 117, 120
ガイドライン ········ 119, 121, 122, 123
外部委託先管理 ········ 35, 103, 104, 132
外部専門人材 ················· 66
外部要因 ·················· 27, 38
過去への集中 ······· 10, 33, 39, 73, 75
考え方と進め方 ··············· 18
監督指針 ··· 2, 15, 18, 24, 35, 43, 50, 74, 76, 103, 104, 117, 132, 154
機会 ························ 43
企業価値 ··· 8, 26, 28, 38, 83, 87, 91, 95, 96, 105, 130, 132, 145, 154
企業行動規範 ·············· 41, 128
企業等不祥事における第三者委員会ガイドライン ··············· 149
企業文化 ··· 8, 14, 22, 36, 38, 40, 41, 42, 43, 46, 48, 64, 68, 90, 97, 103, 129, 130, 131, 146, 155
企業理念 ·················· 64, 97
気づき ······················ 64
行政処分 ············· 15, 91, 154, 156
銀行法 ····· 5, 91, 95, 103, 104, 147, 156, 158
金融グループ ················· 95
金融検査マニュアル ··· 2, 3, 5, 6, 8, 13, 14, 15, 18, 29, 43, 50, 76, 103, 117, 154
金融行為規制機構（FCA：Financial Conduct Authority）··················· 25, 88
金融システムの安定 ············ 10
金融上の行政処分 ············· 156
金融上の行政処分について ······ 91
金融商品取引法 ··· 5, 53, 111, 126, 150, 156
金融仲介機能の発揮 ············ 10
苦情 ··· 26, 42, 79, 80, 81, 82, 86, 87, 88, 106, 121
経営環境 ··········· 27, 35, 38, 100

事項索引　165

経営陣の関与‥‥‥83, 97, 121, 122, 123, 129
経営陣の姿勢（tone at the top）
　‥‥‥‥‥‥‥‥‥‥‥ 38, 41, 42, 69
経営戦略‥‥‥ 27, 29, 33, 36, 38, 41, 55, 62, 65, 68, 69, 82, 83, 91, 99, 102, 104, 123, 148, 156, 157
経営の根幹‥‥‥‥‥‥‥ 38, 59, 99, 123
形式・過去・部分‥‥‥‥‥‥ 10, 33, 38
形式・過去・部分への集中‥‥‥‥‥ 155
形式への集中‥‥‥ 10, 33, 38, 39, 50, 73, 75, 127, 150
係争‥‥‥‥‥‥‥‥‥‥‥‥‥‥ 26, 82
検査・監督基本方針‥‥‥ 10, 12, 13, 29
検査マニュアル‥‥‥‥‥‥‥‥ 38, 73, 74
公益通報者保護法‥‥‥‥‥‥‥ 2, 43, 46
公益通報者保護法を踏まえた内部通報制度の整備・運用に関する民間事業者向けガイドライン‥‥‥‥‥‥‥‥‥‥‥‥ 44, 51
公共性‥‥‥‥‥‥‥‥ 27, 50, 104, 132
行動規範‥‥‥‥‥‥‥‥‥‥‥‥‥ 40
コーポレートガバナンス‥‥‥‥ 48, 49
コーポレートガバナンス・コード
　‥‥‥‥‥ 46, 48, 50, 51, 52, 53, 58
顧客保護等‥‥‥‥‥‥‥‥‥‥ 6, 154
顧客保護等管理態勢‥‥‥‥ 22, 103, 154
顧客本位の業務運営‥‥‥ 154, 156, 157, 158
顧客本位の業務運営態勢‥‥‥ 154, 155
顧客本位の業務運営に関する原則
　‥‥‥‥‥‥‥‥‥‥‥ 154, 155, 156
個人情報保護法‥‥‥‥‥‥‥‥‥ 5, 77
固有リスク‥‥‥‥‥‥‥‥‥‥‥‥ 78
コンダクト・リスク‥‥‥ 24, 25, 26, 79, 88, 100
コントロール‥‥‥‥‥‥‥‥‥‥‥ 78
コンプライアンス委員会‥‥‥‥ 58, 59

コンプライアンス担当者‥‥‥‥‥‥ 3
コンプライアンス担当役員‥‥‥ 58, 83
コンプライアンス統括部門‥‥‥‥‥ 3
コンプライアンスのためのコンプライアンス‥‥‥‥‥‥‥‥‥‥‥ 33
コンプライアンス・プログラム
　‥‥‥‥‥‥‥‥‥‥‥‥‥‥ 3, 75
コンプライアンス・マニュアル‥‥‥ 3
コンプライアンス・リスク‥‥‥ 22, 24, 25
コンプラ疲れ‥‥‥‥‥‥ 5, 8, 33, 131
根本原因‥‥‥ 26, 38, 40, 48, 68, 69, 79, 81, 82, 83, 87, 106, 143, 145, 146, 150

【さ行】

サードパーティリスク‥‥‥‥‥‥ 104
最低基準‥‥‥‥‥‥‥‥‥‥‥ 14, 77
サイロ的‥‥‥‥‥‥‥‥‥‥‥‥ 39
残存リスク‥‥‥‥‥‥‥‥‥‥‥ 78
指揮命令系統‥‥‥‥‥‥‥‥ 69, 146
事業環境‥‥‥‥‥ 29, 62, 102, 104, 123
自己監査‥‥‥‥‥‥‥‥‥‥‥‥ 129
自己管理の形式化‥‥‥‥‥‥‥‥ 13
市場の活力‥‥‥‥‥‥‥‥‥‥‥ 10
市場の公正性・透明性‥‥‥‥‥‥ 10
市場の公正・透明‥‥ 22, 24, 25, 35, 66, 73, 74, 75, 77, 87, 91, 143, 147, 154, 155, 157
持続可能な開発目標（SDGs：Sustainable Development Goals）‥‥‥‥‥‥‥‥‥‥‥‥‥ 87
実質志向‥‥‥‥‥‥ 35, 50, 56, 128, 150
実質・未来・全体‥‥ 10, 12, 18, 33, 155
実質・未来・全体志向‥‥‥‥‥ 73, 156
事務ミス‥‥‥‥‥ 26, 79, 80, 81, 82, 86, 106
社会規範‥‥‥‥ 25, 27, 28, 66, 73, 74, 82, 87, 97, 104, 127, 143
社会的な期待‥‥‥‥‥‥‥‥‥ 24, 25

社会的(な)要請 …… 8, 27, 28, 35, 66, 147, 150, 154, 155, 157
社外取締役 …………………… 52, 54
社会の要請 ……………………… 105
社外役員 …… 45, 46, 47, 48, 51, 54, 59, 61, 62, 69, 99, 100, 129, 146, 148, 149
社内の常識 …………… 46, 57, 99, 127
収益至上主義 ………………… 22, 68
上場会社における不祥事対応の
　プリンシプル ………………… 144
上場会社における不祥事予防の
　プリンシプル ………………… 126
消費者庁ガイドライン …… 44, 46, 52
情報と伝達 ………………… 111, 112
審議事項 …………………………… 59
人工知能（AI） ………………… 106
人材(の)ローテーション … 64, 65, 68, 69, 99
人事異動 ………………………… 42
垂直比較 ………………… 79, 88, 121
水平比較 …………………… 79, 121
スクレイピング ………………… 103
ステークホルダー … 28, 48, 50, 52, 55, 97, 99, 104, 127, 129, 132, 145, 147, 158
正当化 ………………………… 42, 43
世間の常識 …… 46, 48, 57, 59, 99, 127
創意工夫 ……… 3, 5, 15, 16, 29, 126, 156
訴訟 ……………………… 42, 80, 121

【た行】
第三者委員会 ……… 145, 146, 149, 150
立入検査 …………………………… 6, 89
タテ（垂直）の外部委託 ………… 103
タテの管理 ……………………… 132
縦割り …………………………… 80
多様性 …………………………… 57
チェックリスト …………… 13, 18, 73

中間管理者 ………… 40, 41, 42, 43, 111
中間管理者の姿勢（tone in the middle） ………………………… 129
ディスカッション・ペーパー …… 18, 19, 26
定性情報 ………………………… 42
定性的に分析 …………………… 83
定性分析 ………………… 79, 82, 83, 88
定性要素 ………………………… 121
定量指標 ………………………… 121
定量情報 ………………………… 42
定量的に分析 …………………… 44
定量分析 ………………… 79, 82, 83, 88
定量要素 ………………………… 121
電子決済等代行業(者) … 103, 104, 132
動機 …………………………… 43, 56
同質性 ………………………… 46, 99
統制活動 ………………… 111, 112, 115
統制環境 …… 41, 111, 112, 129, 143, 148
独立社外取締役 ……………… 52, 53, 55

【な行】
内部管理態勢 …………… 13, 18, 41, 91
内部規程 …………………… 13, 15
内部通報 …… 26, 42, 44, 45, 46, 48, 51, 80, 81, 82, 96, 111, 122, 128
内部通報制度 …… 40, 43, 44, 46, 51, 52
内部統制 …… 40, 41, 47, 48, 50, 96, 111, 112, 115, 129, 149, 155
内部統制システム ……………… 111
内部統制システム構築義務 …… 2, 111
内部統制(の)無効化 ………… 48, 148
内部要因 …………………… 27, 38
名ばかり第三者委員会 ………… 150
日弁連ガイドライン …………… 149
日本取引所自主規制法人 …… 126, 144

【は行】

ハインリッヒの法則（1：29：300の法則）……… 79
働き方改革 ……………………… 43
発生可能性 ……………………… 78
ハラスメント …………………… 80,81
犯罪収益移転防止法 … 5,117,120,121
判例 ………………………… 86,87
ビジネスモデル ……… 27,33,36,38,41,
　　55,62,65,68,69,82,83,91,99,102,
　　104,123,148,156,157
ヒヤリ・ハット ……… 39,79,90,145
表彰制度 ………………………… 42
フィンテック ……… 35,102,103,104,
　　105,106,132,155
風評 ……………………………… 24
不祥事 …… 28,35,36,40,44,45,46,47,
　　48,53,54,57,58,59,79,82,83,86,
　　87,90,91,95,96,99,111,112,126,
　　128,129,130,144,145,146,147,
　　148,149,157
不祥事件 …………………… 36,147
不祥事対応のプリンシプル …… 144,
　　145,147,150
不祥事予防 …………………… 127
不祥事予防のガイドライン ……… 129
不祥事予防のプリンシプル …… 126,
　　127,128,145
部分への集中 ………… 10,34,39,73
プリンシプル …………………… 18
プリンシプルベース …… 126,156,157
プレッシャー …… 41,56,99,129,149
平時 …………………………… 127
平時のコンプライアンス …… 126,127,
　　143,144,147,150
平時は有事の延長線 …………… 144
ベスト・プラクティス …………… 156
法令等遵守 ……… 2,5,24,27,38,154
法令等遵守態勢 …………… 22,154
仏に魂を入れたコーポレートガバナンス ……………………… 50

【ま行】

マネー・ローンダリングおよびテロ資金供与（マネロン・テロ資金供与）対策 ……… 75,76,117,
　　119,120,121,123
マネー・ローンダリング及びテロ資金供与対策に関するガイドライン ………… 119,121,122,123
見える化 ………………………… 82
ミニマム・スタンダード ………… 76
未来志向 ………………………… 35
民法 ………………………… 87,158
ムービング・ターゲット ………… 143
芽 ………………………… 26,39,44,45,130
メリハリ …………………… 8,77,131
モグラたたき的対応 …… 39,80,145
モニタリング（監視活動）
　　…………………………… 111,112
モラール：moraleの低下 ………… 130
モラル（moral）の低下 ………… 130

【や行】

屋台骨 …………………………… 40
有事のコンプライアンス …… 143,144
有事は平時の延長線 …………… 143
ヨコの連携・協働 ……………… 132
ヨコ（水平）の連携・協働 ……… 103,
　　104,132

【ら行】

リーガル・チェック等 …………… 2,3
リスク・オーナー …………… 39,64
リスク管理のコンプラ化 ………… 5,13
リスクの評価と対応 ………… 111,112

リスクベース …… 73,74,76,86,104,
　　110,132
リスクベース・アプローチ …… 27,39,
　　40,59,65,75,76,77,86,89,95,117,
　　119,121
リニエンシー ………………………… 46
リバンドリング ……… 35,102,104,105
利用者保護 … 10,22,24,25,35,66,73,
　　74,75,77,87,91,143,147,154,155,
　　157,158

利用者利便 …………………………… 10
ルールベース …… 16,73,76,110,117,
　　123,131
レピュテーション ……………… 78,95
レポーティング ……………………… 96
レポーティング・ライン …… 69,128,
　　146
労働法 ……………………… 5,42,77,87

金融機関のコンプライアンス・リスク管理

2019年4月3日 第1刷発行

Ⓒ2019 Masashi Konno
Printed in Japan

著　者　今　野　雅　司
発行者　倉　田　　勲

〒160-8520　東京都新宿区南元町19
発　行　所　一般社団法人 金融財政事情研究会
企画・制作・販売　株式会社きんざい
　　出版部　TEL 03(3355)2251　FAX 03(3357)7416
　　販売受付　TEL 03(3358)2891　FAX 03(3358)0037
　　URL https://www.kinzai.jp/

校正：株式会社友人社／印刷：三松堂株式会社

・本書の内容の一部あるいは全部を無断で複写・複製・転訳載すること、および磁気または光記録媒体、コンピュータネットワーク上等へ入力することは、法律で認められた場合を除き、著作者および出版社の権利の侵害となります。
・落丁・乱丁本はお取替えいたします。定価はカバーに表示してあります。

ISBN978-4-322-13455-1